砂质泥岩地层大纵坡隧道 TBM 施工及穿越建筑物风险的力学问题研究

李冉 ◎ 著

吉林科学技术出版社

图书在版编目（CIP）数据

砂质泥岩地层大纵坡隧道 TBM 施工及穿越建筑物风险的力学问题研究 / 李冉著. -- 长春 : 吉林科学技术出版社, 2023.5

ISBN 978-7-5744-0486-1

Ⅰ. ①砂… Ⅱ. ①李… Ⅲ. ①泥岩－隧道施工－结构力学－研究 Ⅳ. ①U455

中国国家版本馆 CIP 数据核字(2023)第 105672 号

砂质泥岩地层大纵坡隧道TBM施工及穿越建筑物风险的力学问题研究

作　　者　李　冉
出 版 人　宛　霞
责任编辑　赵　沫
幅面尺寸　185mm×260mm　1/16
字　　数　214 千字
印　　张　9.5
印　　数　1—200 册
版　　次　2024 年 7 月第 1 版
印　　次　2024 年 7 月第 1 次印刷

出　　版　吉林科学技术出版社
发　　行　吉林科学技术出版社
地　　址　长春市净月区福祉大路 5788 号
邮　　编　130118
发行部电话/传真　0431-81629529　81629530　81629531
81629532　81629533　81629534
储运部电话　0431-86059116
编辑部电话　0431-81629518
印　　刷　北京四海锦诚印刷技术有限公司

书　　号　ISBN 978-7-5744-0486-1
定　　价　40.00 元

摘 要

我国地铁施工大部分处于浅埋地层之中，浅埋地层砂质泥岩分布比较丰富。所以施工过程容易造成周围岩土变形和地表沉降，进而导致地上建筑物损伤。因此，在地铁施工下穿地面重要风险源时，往往采用入洞较浅逐渐深挖，以大纵坡方式施工，重庆市地铁九号线1期工程下穿观音桥大型商业区，便是该种施工模式的典型案例。本书依托中建隧道建设有限公司重庆市地铁九号线1期工程刘家台站—鲤鱼池站区间建设工程并结合工程实际，研究砂质泥岩地层大纵坡隧道TBM施工及穿越建筑物风险力学问题。通过理论分析、物理模型试验和数值模拟等研究手段，探索本工程特定地质条件下大纵坡隧道TBM安全风险发生的机理及其安全施工技术和风险控制措施，重点解决工程遇到的安全隐患及其风险有效控制问题，为类似的砂质泥岩大纵坡隧道TBM施工风险防控提供借鉴，为隧道穿越建筑物的风险控制提供理论支持和依据。本文主要研究内容包含如下五个方面：

（1）在总结国内外文献资料分析研究的基础上，针对建筑密集区砂质泥岩大纵坡隧道施工风险问题的严重性，提炼本书研究围绕的关键科学问题，提出了诸如大纵坡TBM施工开挖面受力和变形规律、大纵坡管片受力及变形规律、大纵坡TBM施工引起地层变形机理和规律等科学问题。以刘家台站—鲤鱼池站区间施工实例为研究对象，介绍了该工程的基本工程概况，充分挖掘剖析工程施工难点及施工风险，对比分析复合式TBM施工方法的优势及其实用性并进行了科学选型；同时，为了保证施工安全提前总结分析了施工监测方法，为工程安全提供保障。以上为后续章节研究的开展指明方向、奠定基础。

（2）针对重庆地区砂质泥岩隧道施工穿越建筑物的巨大风险特征，采用相似材料模型试验，结合先进的应力、变形监测手段，研究该工程特定地层条件下TBM隧道掘进引起的岩土体变形和应力作用机制。

（3）以纵坡坡度为主要影响参数，利用理论分析和数值模拟等方法，系统研究了复合式TBM施工开挖面受力和变形规律、管片受力及变形规律、注浆压力对围岩和管片的影响规律以及超挖对地表和管片的影响等隧道施工关键风险问题。

（4）结合刘家台站—鲤鱼池站区间双线隧道施工实例，利用理论分析和数值模拟，研究TBM施工引起地层变形的机理和规律，为大纵坡隧道TBM施工穿越建筑物的安全风险控制提供理论依据。

（5）依托上述理论研究成果，从大纵坡施工控制（千斤顶推力控制、管片拼装措施、同步注浆）、大纵坡管片上浮控制、砂质泥岩施工控制以及安全监测等方面分析阐述砂质泥岩大纵坡隧道TBM施工风险控制措施，形成针对砂质泥岩地层大纵坡隧道TBM施工及穿越建筑物的风险管理体系。

关键词：TBM；大纵坡隧道；砂质泥岩；相似材料模型；风险控制

目　录

第1章　绪论

当前，城市公共土地资源供不应求，地铁隧道的建设可以有效缓解城市交通拥堵的状况。但是，隧道施工过程中不可避免地会面临与既有建筑物相互影响的问题，存在一定的安全风险。本章从实际的隧道工程安全施工要求出发，提出了本书的研究问题，阐述了本书的研究意义，总结并分析了本书的研究现状，确立了本领域的研究目标，并构建了本书的研究路线。

1.1 研究背景、意义和目的

1.1.1 研究背景

改革开放以来，我国经济实现了跨越式发展。城镇化的迅速发展导致大量人口从城镇和乡村涌入城市，造成诸如城市交通拥堵、住房短缺和环境恶化等问题。随着我国城市化进程的加快，交通拥堵问题已成为我国大中城市发展的“瓶颈”。发展公共交通是解决城市交通问题的重要途径，故现在各大城市加大投入来建设城市地铁。地铁的建设有很多好处，不仅节省了地面上的有限土地，还减少了交通对环境的污染。地铁还具有准时、运行速度快、载客量大、节能环保等优点，它已成为许多城市人们出行的首选。

近年来，我国各城市对地铁项目积极投资，使我国的地铁建设进入了大发展阶段。截至2020年底，我国有41个城市开通了地铁，预计到2021年底，将有43个以上的城市开通。以重庆为例，目前有5条地铁线在运营，预计到2050年将有18条地铁线，总长度将超过800公里。

我国各大中城市纷纷修建地铁工程，然而大多数地铁隧道均采用浅层进行建设，同时又在城市建筑物密集区。因此，浅层修建地铁极易造成地表沉降，从周围建筑环境的角度来看，地表建筑物和地下管线密集，对地表沉降和变形更敏感，容易造成地上建筑裂缝、管道损坏等现象，可能造成重大的经济损失和不利的社会影响。

由于我国城市土地日益短缺，大力建设地铁已成为快速城市建设的重要组成部分。但是，随着全国各地地铁的建设，地铁建设安全事故也接踵而至，如图1.1－至图1.4所示。

图1.1　2003年上海地铁4号线地上建筑倾覆

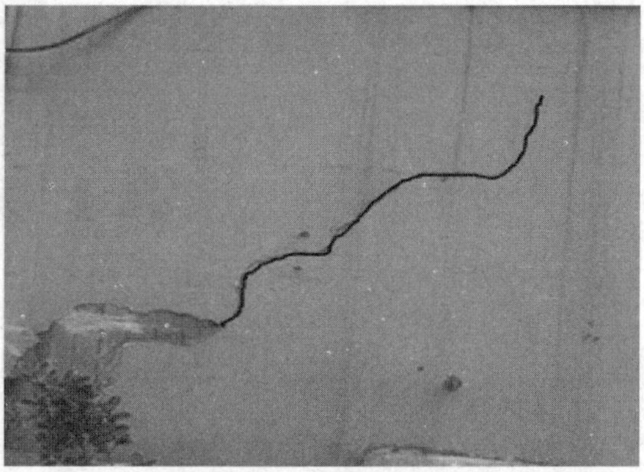

图1.2　青岛地铁3号线地上建筑裂缝

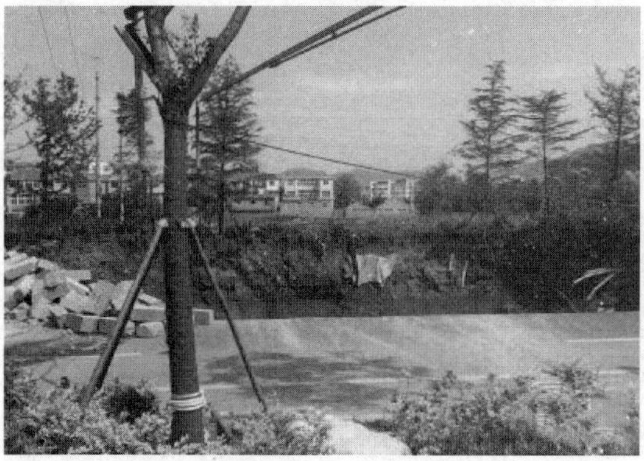

图1.3　青岛地铁4号线造成地面塌陷

图1.4　杭州地铁5号线地上建筑物倾斜

可以看出，地铁在一定程度上缓解了我国目前的交通拥堵状况，但是建设和运营过程免不了影响群众的生产和生活安全。在地铁隧道施工过程中，传统的钻孔爆破方法会对周围的岩体产生强烈的扰动影响，同时还存在诸如工期长和难以确保施工安全的缺点。所以，TBM（Tunnel Boring Machine，隧道掘进机）和EPB（Earth Pressure Balance，土压平衡）盾构施工方法逐渐兴起，其具有对周围岩土干扰小、工作效率高、施工安全性好的优点。但是，在施工过程中，仍然不可避免地扰动了土层，导致隧道上的岩土层应力重新分布，进而导致地面沉降不均匀。在严重的情况下，地面沉降会影响周围的附近建筑物并损坏建筑物。这些损坏会影响人们的正常生活，甚至危及人们的生命。因此，本书研究隧道TBM施工及穿越建筑物风险的力学问题，探索地铁施工安全风险发生的机理及其安全施工技术和风险控制措施，为TBM施工安全风险防控提供借鉴，为隧道穿越建筑物的风险判别、控制提供理论指导和依据。

1.1.2 研究的意义

在新建隧道穿越建筑物的下方，由于一部分的地下岩土被掏空，所以掏空区外一部分地层的应力会产生变化，并相应地发生位移，使地表建筑不可避免地受到一定的影响。具体表现为既有建筑物结构产生不同程度的位移与沉降。可见，无论城市地铁隧道施工采取何种方法，岩石和土壤的性质如何，地铁隧道的建设都会对周围的岩石和土壤环境造成不同程度的干扰和破坏，进而引起土层的位移和变形。这种位移和变形发展到地面后，将导致地面沉降，极端条件下发生地质塌陷，导致地面建筑物和公共设施损坏等。如果沉降程度较大，现有建筑物的结构将被破坏甚至倒塌，威胁到人民的生命和财产安全。

由于我国地铁隧道建设的不断发展，地下隧道穿越建筑物越来越普遍。每个项目或多或少都会有一些问题，并且每个项目的地质条件和开挖方法都有其特殊性，当前有大量项目案例，通过分析研究穿越工程的各种实例，可以总结岩土层受新开挖隧道影响的规律，提高其他类似工程的施工水平，并最大限度地避免安全事故。

对于大纵度隧道，根据《地铁设计规范》（GB50157-2013）地铁最大坡度要求，正线最大坡度不宜大于30‰，困难地段可35‰；联络线和出入线的最大坡度不宜大于40‰。

当掘进机顺坡掘进时，由于掘进机和管片自重的影响，有开挖面和管片滑动的趋势，为了保持稳定，千斤顶推力须适量增加，会导致开挖面受力增大，变形增大。特别是软弱地层，开挖面大变形给TBM姿态控制与管片拼装带来巨大困难（图1.5）。

因此，研究砂质泥岩地层大纵坡隧道TBM施工及穿越建筑物的力学问题，在保障地铁施工效率、控制安全施工风险、防止地质灾害、控制地上建筑沉降等经济效益和社会效益方面工程价值极其明显，可为其他同类工程提供可借鉴的经验。通过对中建隧道建设有限公司重庆市地铁九号线1期工程刘家台站—鲤鱼池站区间（下文简称刘—鲤区间）穿越工程案例的分析研究，根据项目的监测数据和软件验证设计理论的正确性、计算模型的可行性，并通过验证计算对项目设计进行改进，为其他类似项目提供参考经验。

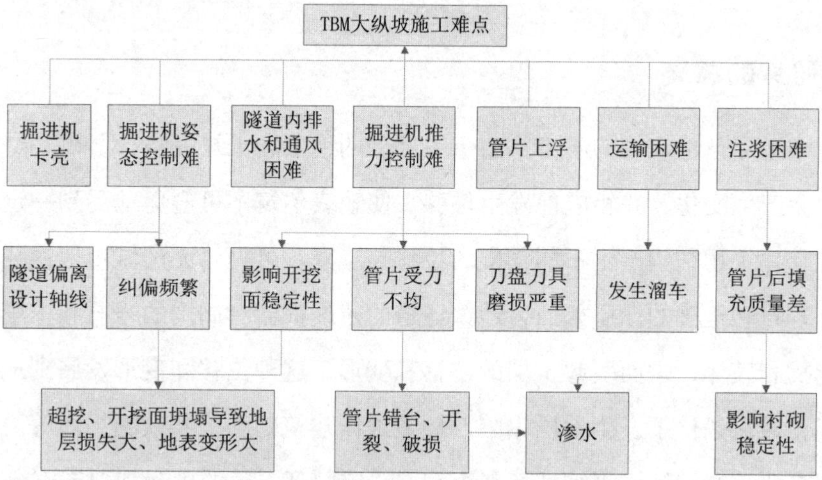

图1.5　大纵坡隧道TBM施工难点

1.2 国内外研究现状

21世纪是地下空间开发的时代，地下工程项目越来越多。同时，更多的地下工程建设问题逐渐显现，特别是穿越工程的建设往往伴随着隧道围岩的不稳定性系列问题，例如结构变形、破坏，地面沉降甚至塌陷等。为了保证施工安全，有必要对隧道穿越施工的影响进行深入研究，并总结影响规律。因此，国内外许多学者对此进行了大量的数据收集和研究工作。

关于TBM隧道问题，国内外学者进行了大量研究，研究内容包括以下五个方面：

（1）掘进机的姿态控制和开挖面的稳定性研究。以TBM隧道施工中作用于掘进机的各种载荷为对象，研究了掘进机的姿态控制模型。在此基础上，掘进机的施工控制可以通过各种载荷与地面变形联系起来，从而建立了TBM隧道施工的模型。

（2）TBM隧道施工引起的岩土变形研究。即对TBM隧道施工引起围岩变形预测与控制的研究，许多研究都集中于此。

（3）TBM隧道施工引起的岩土扰动研究。以土压力、孔隙水压力等土力学参数为研究对象，确定周围岩土扰动的程度、范围和持续时间，进而采取相关措施减少影响。

（4）TBM隧道管片受力特性的研究。研究的重点主要在管片设计参数及其受力特征、管片的计算模型及其适用条件等。

（5）TBM隧道施工与既有隧道及周边建筑物的相互作用研究。在研究此类相互作用时，必须考虑既有建筑物的具体结构和几何参数来研究TBM施工过程中的相互影响。

对以上TBM隧道的研究方法主要有以下五种，分别为经验公式法、理论分析法、数值模拟法、模型试验法、现场测量法。

1.2.1 TBM隧道施工风险控制现状

TBM问世至今已有190年的历史。近30年来，在日本、欧洲、北美等发达国家发展很快。在城市隧道中使用TBM隧道施工的比例已占总量的92%以上，从而有力地推动了各种TBM机械及TBM隧道施工技术的发展。

TBM是当代装备制造业的代表性产品之一，也是当今世界上最先进的隧道掘进超大型特种设备。在我国日益重视地下空间开发利用的今日，该设备具有良好的市场前景。2011—2020年间，我国规划建设的城市地下铁路交通项目总长度达到4 000公里，10 000多亿元的投资聚焦在这一区域。国家级其他大项目如西气东输、南水北调、港珠澳大桥等工程已经装备使用TBM，TBM制造业和施工已经成为一个庞大的市场。

地铁沿线岩土体性质变化较大，地质条件复杂，TBM为隧道施工走向自动化、标准化、机械化等创造了条件，使隧道施工过程极大地简化，可以实现流水化作业，隧道开挖、支护、出碴及衬砌可同时进行并连续作业，单头掘进范围可达20～25km，平均日进尺率为钻爆法的5～8倍。TBM隧道施工技术较钻爆法除了有掘进速度快的优势外，还为隧道从业者提供了更为安全、舒适和高效的施工条件，为隧道工程的规划者与设计者提供了更多更好的选择，对社会发展有着深远的意义。

TBM隧道施工引起围岩变形的剖面示意如图1.6所示，引起的变形包含：

（1）隧道开挖面土压力不平衡时导致岩土体隆起或下沉，如图1.6中1所示。

（2）开挖中盾体与岩土体之间的摩擦作用引发岩土体隆起，如图1.6中2所示；为改变掘进机姿态时超挖，会造成土体损失，造成地面下沉，如图1.6中3所示。

（3）开挖后，盾尾（掘进机尾部圆柱形壳体，能承受土压力和纠偏、转弯时所产生的反作用力，主要用于保护隧道管片拼装工作及盾体尾部的密封，盾尾密封装置是为防止水、土及注浆材料从盾尾进入掘进机内）与围岩的空隙引起土体损失而导致地面下沉，如图1.6中4所示；盾尾注浆会引发地面隆起，如图1.6中5所示；最后岩土体最终稳定，地表沉降，如图1.6中6所示。

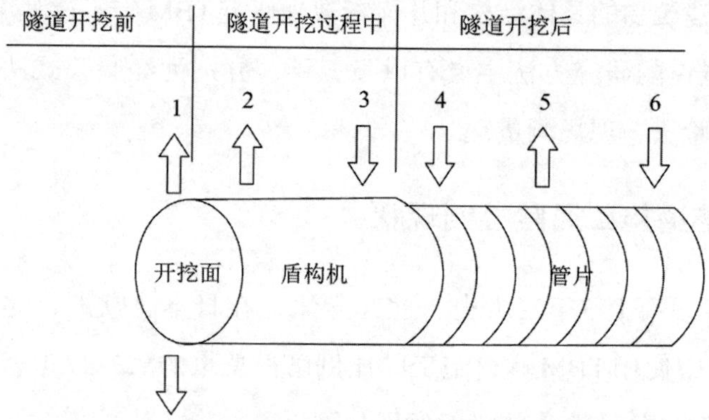

图1.6　TBM隧道施工引起围岩受力变形示意图

1.2.1.1 隧道施工引起地面沉降的经验公式

（1）横向地面沉降的研究

1969年，学者Peck研究了隧道开挖后地面沉降的大量监测数据，并提出了一种估算隧道开挖引起的地面沉降和地层损失的解决方法[1]。由于每个项目的独特性，之后学者继续根据Peck公式不断研究深化。由于隧道开挖后隧道上方的各个土层将形成一个沉降槽，因此Peck公式的前提是沉降槽的体积等于隧道开挖后土壤损失的体积，沉降槽用正态分布曲线表示。总结出隧道半径、埋深与沉降值、沉降槽宽度直接的关系表达式，提出了地面沉降的预测公式，其沉降槽形状类似于高斯曲线，如图1.7所示。计算公式见式(1-1)~式(1-3)。

$$S(x) = S_{\max} \exp(-\frac{x^2}{2i^2}) \tag{1-1}$$

$$S_{\max} = \frac{V_i}{i\sqrt{2\pi}} \approx \frac{V_i}{2.5i} \tag{1-2}$$

$$V_i = \pi R^2 \eta \tag{1-3}$$

式中：$S(x)$——距离隧道中心x处的地面沉降值(mm)；

$S_{\max}$——地面最大沉降值(mm)；

V_i——开挖引起的上部单位长度地层损失(m^2)；

η——地层损失率(%)；

i——沉降槽宽度系数(m)，可用经验公式(1-4)求解：

$$i = \frac{H + R}{\sqrt{2\pi}\tan(45° - \frac{\phi}{2})} \tag{1-4}$$

式中：H——隧道上方岩土体厚度(m)；

R——隧道半径(m)；

φ——岩土体内摩擦角(°)。

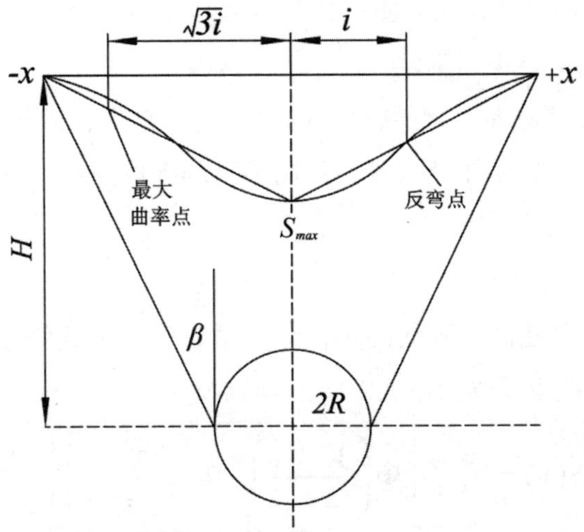

图 1.7　隧道横断面沉降槽曲线图

学者Relly通过对大量监测数据的研究发现，半径为R的双孔隧道的连续施工引起的地面位移可等同于半径为R'单孔隧道的施工。如图1.8所示，等效公式见式(1-5)。

$$R' = R + \frac{d}{2} \tag{1-5}$$

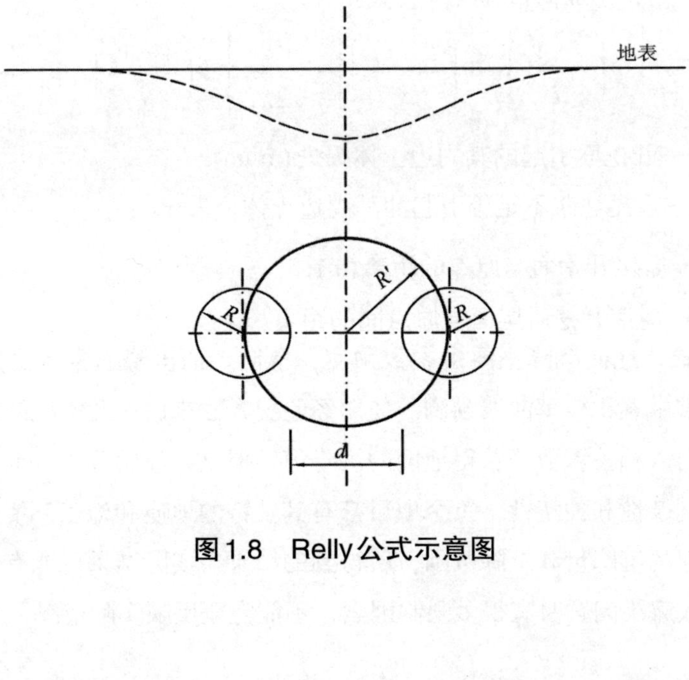

图 1.8　Relly公式示意图

在Peck公式基础上，国外学者进行了相关研究，在地层损失率和沉降槽宽度方面，Atkinson和Potts[2]进行了模型试验，得出地面沉降与隧道埋深和沉降槽宽度之间的经验公式。

New和O'Reilly[3]也以Peck公式为基础，对实际采集数据进行多元线性回归分析，得出沉降槽宽度的大小与隧道半径没有明显相关，但是与隧道覆岩厚度密切相关，并给出了相应公式。

Lo和Rowe[4]、Rowe和Kack[5]继续对Peck公式地层损失率进行了研究，提出了间隙参数概念，包括刀盘外径与管片外径差值、开挖导致的土体弹塑性变形等,从理论方面对其进行解释，并以此来预测沉降。

（2）纵向地面沉降的研究

针对隧道施工中纵向地面沉降的问题，很多学者进行了数值分析，Attewell等[6]建立了土体三维运动方程，提出了纵向地面沉降的预测公式：

$$S(y)=S_{\max}\cdot\left[\Phi\left(\frac{y-y_i}{i}\right)-\Phi\left(\frac{y-y_f}{i}\right)\right] \tag{1-6}$$

式中：$S(y)$ ——隧道上地面竖向沉降值(m)；

$S_{\max}$ ——掘进过程中的最大地面竖向沉降值(m)；

y_i——掘进起始端与原点间的距离(m)；

y_f——开挖面与原点间的距离(m)；

Φ——查正态分布函数表可得。

刘建航等[7]以Attewell的纵向地面沉降预测公式为基础，针对上海地铁隧道现状总结了地面沉降规律，修正了纵向地面沉降公式：

$$S(y)=\frac{V_{l1}}{\sqrt{2\pi}i}\cdot\left[\Phi\left(\frac{y-y_i}{i}\right)-\Phi\left(\frac{y-y_f}{i}\right)\right]+\frac{V_{l2}}{\sqrt{2\pi}i}\cdot\left[\Phi\left(\frac{y-y_i'}{i}\right)-\Phi\left(\frac{y-y_f'}{i}\right)\right] \tag{1-7}$$

式中：Vl1——开挖面引起的其周边土体损失(m^3/m)；

Vl2——盾尾注浆不足等引起的其周边土体损失(m^3/m)；

y_i'——盾尾开始面与原点的距离(m)；

y_f'——隧道开挖盾尾面与原点间的距离(m)。

根据经验公式，地面沉降主要由参数预测，横向地面沉降通常由高斯公式预测，而纵向地面沉降通常由累积概率曲线预测。使用经验公式法来解决此类沉降问题相对简单，可以通过简单地引入相关参数来获得地面的沉降值。但是，经验公式法的缺点不容忽视，由于地下工程的复杂性和独特性，每个项目都有其独特的地质和施工环境，经验公式通常只能预测施工引起的沉降量和沉降范围，所得到的结果与实际结果可能有较大的差距。因此，应用此类公式解决问题时有很多限制因素，不能完全反映实际情况。

1.2.1.2 隧道施工引起上部地面沉降的理论分析

理论分析研究方法基于复杂的数学推导和可靠的理论基础，并通过建立数学模型来简化抽象和复杂的问题。隧道施工引起地面沉降的理论分析方法包括三种：Sagaseta下沉法、Mindlin法和随机介质理论法。

（1）Sagaseta下沉法

Sagaseta等[8][9]把土体视为不可压缩的均质弹性半空间无限体，推导出了三维地表变形公式：

$$\begin{cases} S_{x0}=-\dfrac{V}{2\pi}\dfrac{x}{x^2+h^2}\left[1-\dfrac{y}{\sqrt{x^2+y^2+h^2}}\right] \\ S_{y0}=\dfrac{V}{2\pi}\dfrac{1}{\sqrt{x^2+y^2+h^2}} \\ S_{z0}=\dfrac{V}{2\pi}\dfrac{h}{x^2+h^2}\left[1-\dfrac{y}{\sqrt{x^2+y^2+h^2}}\right] \end{cases} \tag{1-8}$$

式中：x，y——距轴线的距离(m)；

h——隧道埋深(m)；

V——单位长度的地层损失量(m^3/m)。

基于以上，Verruijt[10]和Park[11]修改了上述公式，但仅考虑了土体流失的影响，而不能反映其他因素在整个施工过程中对变形的影响；姜新良等[12]不仅考虑了土体流失的影响，还考虑了施工过程中的注浆影响，基于公式(1-8)，推导了隧道施工引起围岩变形的相关公式。丁智[13]考虑了隧道施工实际，也对公式(1-8)进行了修正，得到公式(1-9)：

$$\begin{aligned} S_{z0}=&\frac{V_1}{2\pi}\frac{h}{y^2+h^2}\left[1-\frac{x}{\sqrt{x^2+y^2+h^2}}\right] \\ &+\frac{V_2}{2\pi}\frac{h}{y^2+h^2}\left[1-\frac{x+L}{\sqrt{(x+L)^2+y^2+h^2}}\right] \\ &-\frac{V_3}{2\pi}\frac{h}{y^2+h^2}\left[1-\frac{x+L}{\sqrt{(x+L)^2+y^2+h^2}}\right] \end{aligned} \tag{1-9}$$

式中：V1——开挖面引起的周边土体损失(m^3/m)；

V2——盾尾间隙引起的周边土体损失(m^3/m)；

V3——盾尾注浆产生的周边土体损失 (m^3/m)；

L——TBM机身长度(m)。

（2）Mindlin法

魏刚等[14][15]建立双线隧道施工力学模型，使用弹性力学中的Mindlin法而不考虑岩土体的排水情况，同时考虑了隧道施工过程中的额外推力，推导了隧道施工过程中地面纵向变形的计算公式。

Lin Cungang[16]基于Mindlin法，通过数值积分来获得隧道施工过程中的附加推力、盾壳与土体之间的摩擦力以及同步注浆压力导致的地面竖向位移。

Wu Chongfu[17]基于Mindlin法，推导了在隧道施工过程中，在现有上部结构荷载条件下，刀盘与周围土体之间的摩擦所引起的周围土体的附加应力的解。

（3）随机介质理论法

Litwiniszyn[18]首先提出了随机介质理论法。1993年，中国学者Liu B.C[19]首次将其应用于地表沉陷的计算。此后，施成华[20]、韩轩[21]等进行了改进和假设，提出了因隧道施工引起的地面沉降的预测公式，并提出了不同断面和不均匀收敛模式下的计算模型。

通过理论研究方法研究此类项目还存在很多弊端，例如需要做出大量假设，最终研究问题相对单一，计算结果通常与监测数据相差很大等。

1.2.1.3 隧道施工引起地面沉降的数值模拟

由于实际的隧道施工过程较为复杂，因此在理论分析过程中做了一些假设，并对实际施工过程中的一些问题进行了优化。因此，理论分析有一定的局限性。为了完全还原隧道施工地质环境，通常使用数值模拟方法进行计算和分析。

地下空间的开发利用是多元化的，原因是地下环境极为复杂。首先，围岩本身的性质是多种多样的；其次，地下结构本身将随时间呈现非线性特征。在某些实际项目中，很难利用积累的经验作为指导。在这种情况下，我们只能根据现场的实际情况选择主导因素来模拟施工，根据现场的实际情况确定施工阶段，最大限度地还原现场的实际施工情况。

数值模拟本身具有一定的缺陷，它是基于各种假设和定义的材料模型。模拟结果通常与现场测量值有一定的差异，但获得的规律和数值仍具有较高的参考意义。

Melis[22]等人使用开发的数值模型和沉降公式来模拟开挖过程中的土压力平衡并预测地面沉降风险。

王忠昶等[23]使用FLAC3D软件建立了隧道施工的三维数值模型，研究了地层变形的影响，并得出地层沉降结论。

Zhang Chenshuo[24]使用刚度迁移法，利用数值模拟软件分析了隧道开挖过程中的地面沉降规律。

隋涛[25]利用三维有限元方法分析了软岩区小净距曲线TBM隧道的力学特性，得到了TBM隧道段的内力和位移特征曲线。

冯慧君[26]以FLAC3D软件为基础，以天津地铁TBM断面为例，建立了先开挖隧道与后开挖隧道的地表沉降和拱顶沉降的叠加效果模型。

杨俊龙[27]使用三维有限元分析方法分析了注浆压力的影响，研究隧道施工过程中产生的位移和沉降。通过现场测试，验证通过注浆压力控制位移和沉降的有效性。

尽管使用数值模拟方法研究问题时可以考虑隧道施工因素，但不能百分之百还原施工现场情况。建立模型时的简化操作和模型参数的选择可能会导致计算结果出现偏差。因此，数值模拟方法只能在实际工程中提供定性指导。

1.2.1.4 隧道施工引起地面沉降的模型试验

模型试验方法是基于某个现场项目的特定条件，通过相似理论的原理建立模型并进行试验。该方法具有操作简单、结果直观、花费时间和资金少、可重复使用以及测试结果较准的优点。该方法已成为地铁工程中愈加重要的研究手段。

Kuwahara.H[28]通过模型试验研究盾尾间隙对地面沉降的影响，解释了变形机理，并以实际工程进行了验证。

Toshi Nomoto[29]等用模型试验法分析了TBM隧道施工过程中围岩的应力变化。

刘洪源[30]以某隧道为例，使用应力传感器和激光扫描仪进行了相似材料模型试验，以监测周围岩体的变形。

李术才等[31]为了解决三维空间中的平面应力和应变问题，开发了一种新型的流固耦合模型测试系统，进行了流固耦合模型相似材料试验，得到了隧道施工过程中隧道壁围岩的渗流和位移分布规律。

模型试验方法主要针对特定的工程背景而设计，由于模型试验方法具有直观、结果准确等诸多优点，因此在解决复杂的地下工程问题上具有很高的可信度。

1.2.1.5 现场测量法

在地下开挖过程中不可避免地会对围岩产生扰动，从而引起地面起伏，进而不同程度影响邻近建筑物，也可能危及其他地下设施的正常运行，例如天然气管道、光缆、电力和水管等。在施工过程中，有必要对隧道沿线地面沉降进行监测，可以使现场施工人员能够及时准确地了解施工过程中引起的地面沉降以及对附近建筑物或地下管线的影响，从而制定保护措施并跟踪其措施的实际效果。

现场测量方法主要是通过对实际项目的监控，根据在测量点测得的相关数据进行整理，然后通过数理统计、概率论等一系列数学方法对数据进行分析。对于地下工程，通过数学方法获得影响函数关系，然后对隧道施工过程中的开挖扰动与地面位移之间的关系进行预测和研究。

Burland和Standing[32]研究了新建隧道开挖对现有隧道的影响。通过对大量监测数据的分析得出：新隧道的建设完成后，现有隧道拱顶上方的沉降槽宽度要小于现有隧道拱顶处的沉降槽宽度。

崔天麟等[33]和张成平等[34]依托北京地铁隧道工程，远程自动监测隧道沉降和其他指标，并介绍了监测点和方法。从分析结果可以看出，监测有效、准确地为地下工程提供了更有利的技术支持。

Cording、Hansmire等[35]分析了双孔隧道施工引起的不同深度大量位移数据，得出：隧道施工引起的位移受现有隧道的影响，竖向位移的最大值和沉降槽的宽度大于现有隧道。

1.2.2 大纵坡隧道施工风险控制现状

当TBM隧道施工纵坡超过30‰的上下坡称为大纵坡，根据TBM隧道施工工艺将会对同步注浆质量、成环管片质量（错台、姿态等）、区间水平运输安全等产生严重影响。受诸多因素的影响，大纵坡隧道更容易出现因注浆质量、成环管片质量引起的地上建筑的意外沉降，进而影响人民生命财产安全。

赵运臣[36]从设计和施工技术的角度总结了TBM隧道管片破坏的主要原因，包括隧道设计半径与管片设计不符、背衬注浆量不足、注浆不均匀等。

桂业琨、钱建敏[37]文章记录一条小半径TBM隧道，隧道最小转弯半径155m，坡度最大为42‰。

李强和曾德顺[38]在模拟施工过程中，使用三维塑性、弹塑性有限元模型研究了掘进机推力变化对地面变形的影响，得出的结论是：掘进机弯道前进时对岩土的扰动加剧，地面沉降量增大。

1.2.3 砂质泥岩隧道施工风险控制现状

在砂质泥岩地区修建的桥隧工程中，围岩稳定性是工程设计和施工过程中的重难点，由于围岩地质条件多变导致围岩、支护结构失稳的事故屡次出现，给居民生命和财产安全带来极大危险。

（1）砂质泥岩地质特征

目前，针对隧道施工导致地表沉降的研究主要围绕地质特征进行。工程地质特点有：

1）岩体破碎松散、黏结力差、结构破碎松散，开挖后此类岩体不稳定，浅埋段容易发生坍塌。

2）强度低、遇水易软化，开挖后易风化，深埋段受高应力影响容易发生塑性变形，造成TBM卡盾。

由于砂质泥岩以上地质特征，在砂质泥岩中开挖隧道一般具有以下特征：变形大，承载力低，围岩不稳定，安全隐患大，变形速率大，收敛时间长，变形难控制。

（2）砂质泥岩变形机理

砂质泥岩变形定义为隧道及地下工程围岩的一种具有累进性和明显时间效应的塑性变形破坏。隧道围岩变形发生的机理是开挖形成的应力重分布超过围岩强度而发生塑性变化。这类围岩的内摩擦角 ϕ 值很小，凝聚强度 c 值较低，单轴抗压强度较低。

砂质泥岩的地质条件决定了其变形特点，即开挖后的自持能力差，表现为“自持时间短，易崩塌”的特点。由于隧道的开挖，先前支撑隧道主体的围岩被移除，围岩的应力只能重新调整，围岩向隧道内收敛。

（3）变形与沉降处理措施

1）数值模拟和超前预报相结合。现场施工中经常会遇到实际掘进的地质条件和设计时地勘提供的地质环境存在较大差别的情况，引起设计变更和技术措施的改变。因此，要求设计阶段应加强地勘，施工阶段也应进行超前地质预报。物探、超前钻探、地质雷达以及计算机数值模拟预测法是砂质泥岩超前预报的主要手段。如果发现问题，应采取加固及支护措施。

2）工程监测是砂质泥岩隧道安全施工的耳目，是判断围岩稳定性的重要手段。只有不断地进行工程监测，才能保证在砂质泥岩区施工的安全。监测内容主要包括拱顶下沉、水平收敛和地表沉降监测等。

1.2.4 砂质泥岩大纵坡隧道 TBM 安全施工研究面临的挑战

从以上分析可以看出，国内外学者对TBM隧道的建设进行了深入的研究，并取得了一定的研究成果。但是对以下问题的研究并不完善。

（1）对于TBM隧道的纵向坡度，通常在数值计算中将其忽略并计算为平坦坡度。对于纵向坡度小的隧道，这种近似计算对结果影响不大，但是对于大型纵向隧道，这种近似计算会产生较大的误差，有时甚至会导致工程事故，特别是在高压富水地层和地质条件较差的地层中，坡度将会对开挖面的稳定性产生重要影响。因此，有必要计算考虑特定的隧道坡度，以准确地提出TBM开挖面的稳定性控制措施。

（2）关于TBM隧道施工工作面压力的研究，当前大多数采用筒仓理论进行计算，不考虑在不同工作条件下TBM工作面的主动压力和被动压力差别，也没有考虑隧道的纵向坡度。所以，必须更深入地研究开挖面受力情况以更好地确保现场施工的安全性。

（3）目前对TBM隧道管片受力特性的研究主要是作为一个平坡问题，对于大纵坡隧道，其应力状态与平直隧道大不相同，其受力情况必然与平直隧道不同，必须进行深入分析以获得更准确的结果。

（4）目前，TBM隧道施工的数值模拟主要考虑平直隧道。在大纵坡隧道施工过程中，关于周围地层受力和变形规律的文献很少，也没有相关的文献可以对它们进行准确的模拟和分析。

（5）TBM隧道施工参数调整的数值模拟计算仍很不完善。例如，对于注浆的模拟，通常在施工过程中更改单元的材料模型，但具体的特定值参数一般采用经验估计的方法，从而影响计算结果的准确性。

（6）尽管已经建成了一些大纵坡TBM隧道，但对于大纵坡隧道的施工控制技术尚无系统的总结，单个项目的成功经验也无法得到推广和应用。

综上所述，本书以大纵坡的坡度为主要参量，对复合式TBM隧道施工开挖面受力和变形规律、管片受力及变形规律、注浆压力对围岩和管片的影响规律、超挖对地表和管片的影响、TBM隧道施工引起地层变形的机理和规律等隧道施工关键风险问题进行研究。

1.3 研究的内容及目标

以重庆市地铁九号线1期工程刘家台站—鲤鱼池站区间TBM隧道为工程背景，以大纵坡隧道坡度为主线，以大纵坡隧道受力规律为目标，追溯到围岩变形并通过其向上传递到地面，从而引起地面沉降的力学根源，围绕大纵坡TBM隧道施工问题，通过相似材料模型试验、理论分析、数值模拟、现场监测等技术手段，就砂质泥岩地层大纵坡隧道TBM施工及穿越建筑物风险的力学问题进行系统研究，揭示砂质泥岩地层大纵坡隧道TBM施工的力学根源和基本规律，进而提出大纵坡隧道TBM施工开挖面变形受力公式，取得了具有一定理论价值和工程意义的研究成果，具体研究内容如下：

（1）阐述研究的选题背景及意义，从TBM隧道施工风险控制阐述国内外的研究现状，提出本书研究内容思路。针对建筑密集区砂质泥岩大纵坡隧道施工风险问题的严重性，提炼本书研究围绕的关键问题，提出了诸如大纵坡TBM隧道施工开挖面受力和变形规律、大纵坡管片受力及变形规律、大纵坡TBM隧道施工引起地层变形机理和规律等科学问题。

（2）以重庆市施工实例为研究对象，介绍了该工程的基本概况，充分挖掘剖析工程施工难点及施工风险，对比分析复合式TBM隧道施工方法的优势及其实用性并进行了科学选型。同时为了保证施工安全提前总结分析了施工监测方法，为工程安全提供保障。

（3）针对重庆地区砂质泥岩隧道施工穿越建筑物的巨大风险特征，采用相似材料模型试验，结合先进的应力、变形监测手段，系统研究该工程特定地层条件下TBM隧道掘进引起的岩土体变形和应力作用机制。

（4）以纵坡坡度为主要影响参数，利用理论分析和数值模拟等方法，系统研究复合式TBM隧道施工开挖面受力和变形规律、管片受力及变形规律、注浆压力对围岩和管片的影响规律以及超挖对地表和管片的影响等隧道施工关键风险问题。

（5）结合刘家台站—鲤鱼池站隧道施工实例，利用理论分析和数值模拟法，研究TBM隧道施工引起地层变形的机理和规律，为大纵坡隧道TBM施工穿越建筑物的安全风险控制提供理论依据。

（6）依托上述理论研究成果，从大纵坡施工控制（千斤顶推力控制、管片拼装措施、同步注浆）、大纵坡管片上浮控制、砂质泥岩施工控制以及安全监测等方面分析阐述砂质泥岩大纵坡隧道TBM施工风险控制措施，形成针对砂质泥岩地层大纵坡隧道TBM施工及穿越建筑物的风险管理体系。

1.4 研究方法及路线

本书综合应用理论分析、物理模型试验、数值模拟和现场监测等方法针对砂质泥岩大纵坡隧道TBM施工涉及风险的力学问题进行研究。

（1）TBM隧道施工力学理论分析

针对大纵坡条件下TBM隧道施工的要求，采用理论分析方法，研究TBM隧道施工围岩稳定性、地层变形等力学问题。

（2）TBM隧道施工相似材料模型试验

通过相似材料模型试验，模拟分析特定地层条件隧道施工引起的围岩和地层变形规律。

（3）大纵坡隧道TBM施工数值模拟计算

针对刘家台站—鱼池站鲤区间典型的大纵坡TBM隧道施工工点，在理论分析和物理模型试验的基础上进行数值模拟分析，总结围岩、结构和地层受力和变形规律。

（4）分析现场监测布点及数据采集与理论试验比较

选定刘家台站—鲤鱼池站区间典型的大纵坡TBM隧道施工工点，对TBM隧道施工参数以及围岩中的收敛、沉降、位移等进行了全面的监测，对比验证理论分析、模型试验与数值计算成果的可靠性。

本书研究技术路线如图1.9所示。

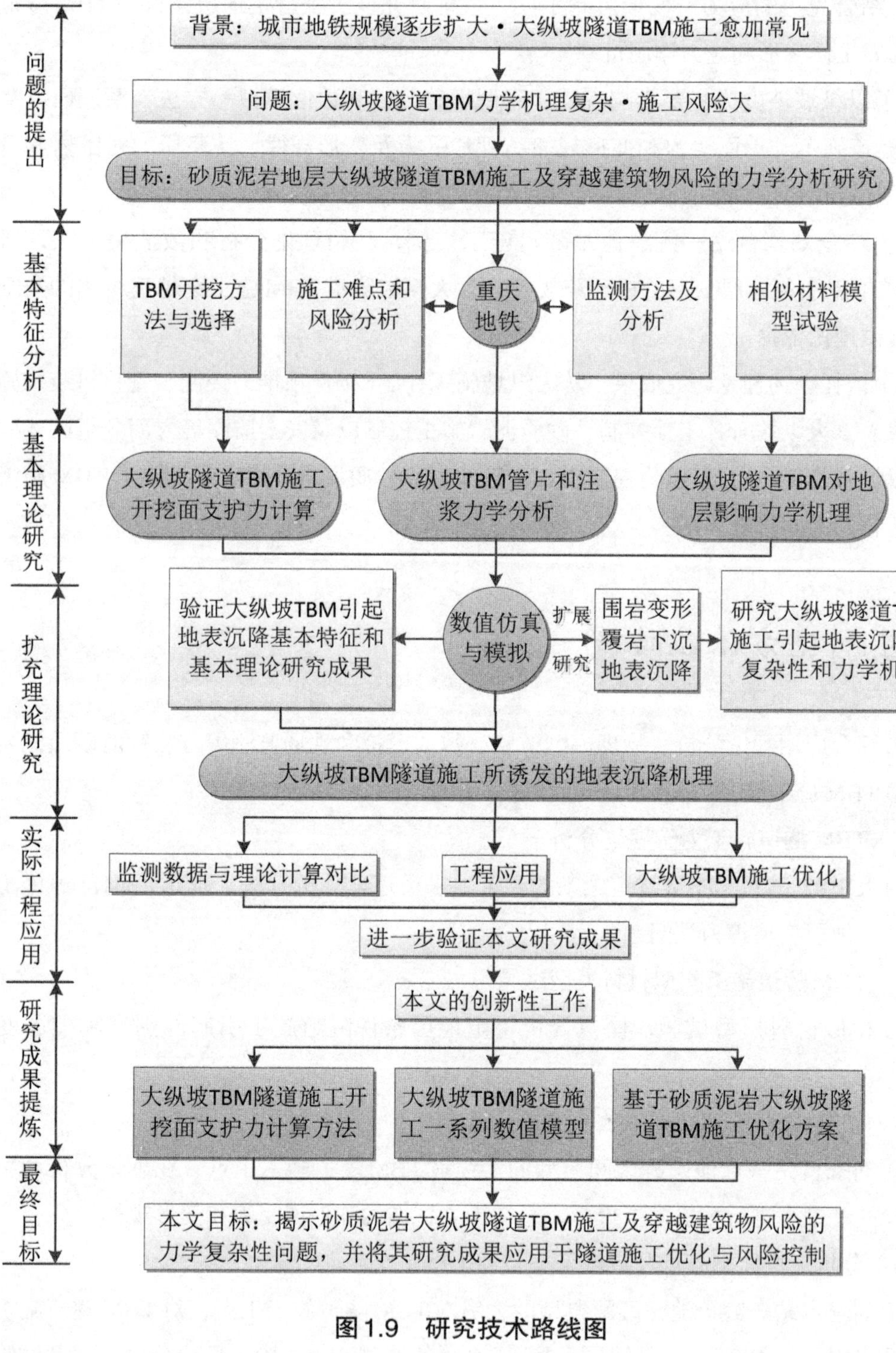
问题的提出
基本特征分析
基本理论研究
扩充理论研究
实际工程应用
研究成果提炼
最终目标
背景：城市地铁规模逐步扩大·大纵坡隧道TBM施工愈加常见
问题：大纵坡隧道TBM力学机理复杂·施工风险大
目标：砂质泥岩地层大纵坡隧道TBM施工及穿越建筑物风险的力学分析研究
TBM开挖方法与选择
施工难点和风险分析
重庆地铁
监测方法及分析
相似材料模型试验
大纵坡隧道TBM施工开挖面支护力计算
大纵坡TBM管片和注浆力学分析
大纵坡隧道TBM对地层影响力学机理
验证大纵坡TBM引起地表沉降基本特征和基本理论研究成果
数值仿真与模拟
扩展研究
围岩变形覆岩下沉地表沉降
研究大纵坡隧道TBM施工引起地表沉降的复杂性和力学机理
大纵坡TBM隧道施工所诱发的地表沉降机理
监测数据与理论计算对比
工程应用
大纵坡TBM施工优化
进一步验证本文研究成果
本文的创新性工作
大纵坡TBM隧道施工开挖面支护力计算方法
大纵坡TBM隧道施工一系列数值模型
基于砂质泥岩大纵坡隧道TBM施工优化方案
本文目标：揭示砂质泥岩大纵坡隧道TBM施工及穿越建筑物风险的力学复杂性问题，并将其研究成果应用于隧道施工优化与风险控制

图1.9　研究技术路线图

第 2 章　砂质泥岩地层大纵坡隧道 TBM 施工条件分析

本书依托重庆市地铁九号线1期工程刘家台站—鲤鱼池站区间（刘—鲤区间）TBM隧道施工实例进行研究。因此，本章以该施工实例为对象，介绍了基本工程概况和地质条件，充分挖掘了工程施工难点及施工风险，对比分析了复合式TBM隧道施工方法的优势，总结分析了施工监测方法。对工程实例的深入剖析，为后续章节研究的开展指明方向、奠定基础。

2.1 工程概况

重庆市地铁九号线1期工程刘家台站—鲤鱼池站区间为双线双洞，右线长度为452.125m，左线长度为388.656m，采用TBM和钻爆法等多种施工方法。本书的研究对象为TBM隧道施工段，该施工地段地理位置如图2.1所示。TBM隧道穿越观音桥大型商业区，始发井附近建筑物鸟瞰如图2.2所示，始发井现场照片如图2.3所示。

图2.1　TBM隧道施工段位置示意图

图2.2　TBM隧道施工段始发井周围建筑物

图2.3　TBM隧道始发井照片

TBM隧道施工区间双线隧道净距在10～18m之间，拱顶埋深介于10～35m之间，设计纵坡坡度为20‰~46‰。上部覆盖层为填土、粉质黏土，下部基岩为中厚层砂质泥岩夹砂岩，岩层倾角平缓，受构造应力作用轻微，构造裂隙不发育，基岩完整性较好，无不良地质作用。本书用以研究分析的典型地质剖面和隧道横断面如图2.4所示和表2.1所示，围岩主要为中风化砂岩和中风化砂质泥岩。根据本区间岩土工程勘察报告，中风化砂质泥岩重度27.8kN/m^3，粘聚力1750kPa，内摩擦角35.9°；中风化砂岩重度27.2kN/m^3，粘聚力7640kPa，内摩擦角47.5°。

TBM隧道施工管片砼等级C50，管片外径6.6m，内径5.9m，宽度1.5m。

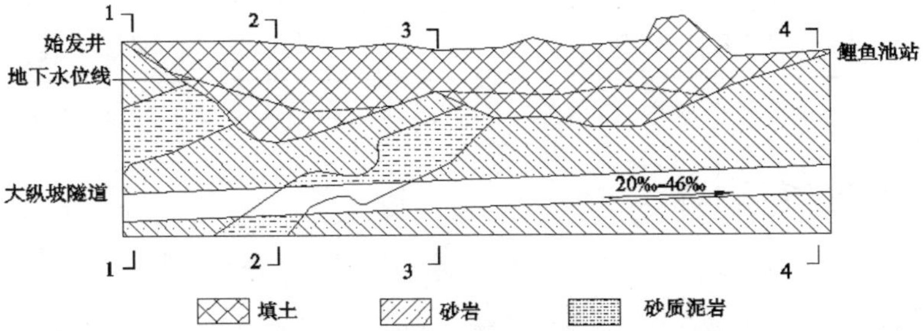

(a) 地质剖面图

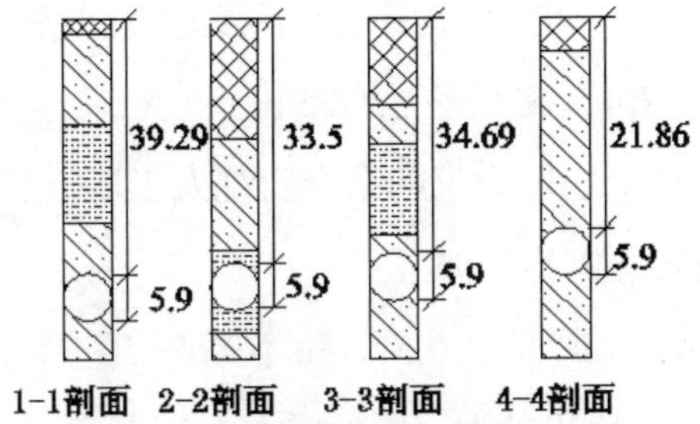

(b) 隧道横断面图

图2.4　地质剖面图和隧道横断面

表2–1　隧道围岩表

区间段	围岩类别	围岩等级
1-1 剖面 ~2-2 剖面	主要为砂岩	Ⅲ级
2-2 剖面 ~3-3 剖面	主要为砂质泥岩	Ⅳ级
3-3 剖面 ~4-4 剖面	主要为砂岩	Ⅲ级

TBM隧道施工区段沿线有观音桥大型商业区风险源，主要风险源情况见表2.2。

表2-2　周边建筑物及特征表

序号	风险源名称	里程桩号	层数	底层标高 /m	基础形式	基底标高 /m
1	艺术大厦	YCK11+314~359	23	255.00	桩基础	243~247
2	光宇尊鼎	YCK11+309~439	30		桩基础	237~239
3	拓展大厦	YCK11+19~259	29	247.96	桩基础	242~244
4	佳侬商场	YCK11+069~399	-2		桩基础	227~245
5	旭阳朗晴	YCK11+029~074	43		桩基础	237~239

2.2 水文地质条件

（1）地质条件

研究项目所在原始地貌为构造剥蚀斜坡，后来逐渐开发为市区，现为观音桥大型商业区，主要分布有高层建筑物和佳侬地下商场等地下建筑物。该区间地形坡角一般在2.9°~8.1°，地面高程252～287m，最大高差约35m。

在项目地质勘察报告中显示地层为第四系全新统人工填土层、残坡积层及侏罗系中统上沙溪庙组沉积岩层。各层岩土体特征如下：

1）人工填土层——素填土，厚度在0.5~20m不等。

2）残坡积层粉质黏土——粉质黏土，厚度在0~1.5m不等。

3）侏罗系中统沙溪庙组——Ⅳ级砂质泥岩，分布于整个场地。

综上所述，由于岩体的自持能力较弱，岩块单轴饱和抗压强度低，施工过程中围岩变形大，空间和时间变形效应明显，在TBM隧道施工过程中，易造成围岩失稳。所以在施工过程中，必须采取科学合理的施工预案，以确保施工过程安全，保障工程建设质量。

（2）水文条件

刘家台始发井—鲤鱼池站区间主要位于构造剥蚀斜坡地貌上，砂岩和砂质泥岩互层的状态，含水相对较弱。由于设计为大纵坡施工环境，原地形低洼点是地下水的汇聚位置，若在雨季施工，会影响工程进度。

2.3 隧道施工力学难点及风险分析

2.3.1 砂质泥岩隧道施工难点分析

近些年，在砂质泥岩中建设的地下工程，面临的工程地质问题很多，其事故造成的社会影响巨大。在砂质泥岩地层中进行工程施工，容易遇到变形和塌方等问题，导致在施工和之后的运营期间工期延误、人员伤亡等结果。

（1）施工过程中塌方频繁。由于砂质泥岩结构松散，多含有易膨胀的黏土矿物质。隧道开挖后，围岩迅速卸载，产生回弹和扩容，掘进工作面附近最初几日变形速度快；岩块间裂隙中有黏土矿物质，遇到水后容易膨胀产生膨胀压力并崩解，使岩体发生松散、离层及冒落。隧道开挖后自持时间短，应及时支护，否则岩体极易发生松散、冒顶。

（2）隧洞开挖后，围岩容易发生塑性变形。在砂质泥岩中开挖隧道，因围岩具有易变形特性，隧道开挖后，由于地压应力作用，围岩会向已挖空的空间移动，主要表现为隧道的管片向内收敛、底板隆起、拱顶下落等。

还有地下水的软化作用显著和砂质泥岩存在大变形及岩爆等工程地质问题。

TBM隧道施工时砂质泥岩遇水崩解或膨胀，由于异常收敛会出现围岩作用于盾壳上的压阻力超出掘进机推力，发生卡盾。

重庆市地铁六号线蔡家—曹家湾区间右线YDK41+372.135位置曾发生掘进机被卡壳，事故经后来分析原因是换刀造成了机器较长时间等待，周边砂质泥岩收敛较大造成了壳体被抱死。现场施工单位采取的脱困技术是：利用隧道围岩条件整体较好，使用人工掏挖刀盘掌子面，在机器前方形成一定体积空间，采用人工方式减小壳体与砂质泥岩接触面积，进而达到掘进机脱困的目的。因此，在重庆市地铁九号线1期工程刘—鲤区间对砂质泥岩地层对工程的影响进行了研究。

由于砂质泥岩地层地质条件复杂，在TBM通过围岩时必须做好超前预报或者处理的过程，造成施工效率低。如结合详细的地勘报告能够进行理论计算或者模拟计算地上建筑的沉降值，并且沉降值在规范要求范围内时，可以减少超前处理工作量，提高掘进速度。

2.3.2 大纵坡隧道施工力学难点分析

根据《地铁设计规范》（GB50157-2013）地铁最大坡度要求，正线最大坡度不宜大于30‰，困难地段可35‰；联络线和出入线的最大坡度不宜大于40‰。对于大纵坡没有严格的坡度限定，通常认为坡度在30‰以上的属于大坡度（铁路坡度一般不超30‰~40‰，直流电机地铁坡度可达60‰~80‰）。大纵坡隧道施工依据上下坡掘进分为迎坡和顺坡两种情形。

当TBM上坡掘进时，由于TBM本身巨大重量和外壳相对光滑的表面，TBM易于滑落。当TBM滑动时，刀头将与隧道前的土体分离，刀头和隧道前的土体压力平衡将被打破，相当于在向土体施加压力后卸载。该卸载过程使土体受到扰动，在开挖面前方的土体流失，进而导致地面变形。

当TBM下坡掘进时，TBM本身将在重力作用下沿开挖轴线掘进，它自身的重力加上由平衡土压力提供的反作用力都指向下方，有时会超过开挖面的土压力。如果到头向前的推力过大，可能导致不利的后果，如TBM开挖面前方上部地面隆起等。

大纵坡TBM隧道施工难点主要包括：

（1）管片易发生错台、裂缝、破损、渗漏等问题

在大纵坡隧道施工中，由于TBM不是在水平轨道运行，盾尾与土层间隙也相应倾斜，在注浆过程中，容易出现浆液受重力影响造成的缺浆少浆现象，最终造成盾尾间隙不密实，进而导致地层变形。或者由于注浆不密实造成管片处于悬空状态中，管片在悬空中受力状态较差，容易发生管片间错台情况。因以上原因易造成管片质量及TBM姿态问题。以上可以看出管片姿态控制在大纵坡施工中难度增加，对管片拼装点位的要求也相应提高。

（2）对土体的扰动问题

当TBM隧道大纵坡施工时，在隧道掘进过程中容易发生超挖，掘进机需要在隧道掘进过程中不断纠正偏差，这将使地层流失并导致地面沉降。由于掘进机在弯道中掘进时总是处于矫正状态，因此掘进机的防护罩壳和围岩易于单侧挤压和剪切，从而增加了对围岩的扰动。

（3）其他

大纵坡TBM隧道施工除上述分析的难点之外还存在其他不容忽视的高风险情况：

1）按照规范要求，地铁最大坡度不宜超过30‰，而实际施工设计坡度为35‰，施工过程中隧道内水平方向行驶的电瓶车在大纵坡路段运行相对困难，容易发生溜车，增加了生产安全风险。

2）掘进机频繁纠偏，极易造成地层超挖，如果施工过程中同步注浆不及时会造成管片背后形成空洞。

3）由于掘进机姿态需要大幅度调整，盾尾间隙会比较小，管片脱出盾尾时容易被壳体挤压变形。

4）受诸多因素的影响，大纵坡隧道更容易出现因注浆质量、成环管片质量引起的地上建筑的意外沉降。

5）大纵坡曲线TBM隧道轴线控制难度大。

6）渗漏水情况。

综上所述，大纵坡TBM隧道施工难点众多、风险较大，掘进过程中不可避免地会引起上覆地层发生变形，进而导致穿越建筑物发生沉降、变形和开裂等影响其使用功能的问题。

2.4 开挖方法分析及选型研究

本书在对比分析的基础上选择了复合式TBM隧道施工法。复合式TBM与其他类型施工方法比较分析如下：

（1）敞开式TBM

敞开式TBM主要适应于具有自稳能力的硬岩石或较完整砂质泥岩中，其施工隧道采用复合式衬砌，一般初期支护采用锚喷网，必要时采用钢架加强支护。在实际施工中存在的问题主要有：

1）二次衬砌滞后时间较长，初期支护长时间暴露，对于砂质泥岩、富水段岩层二衬无法及时跟进。

2）对一般性岩层条件具有较好的适应性，但是对局部欠稳定的岩层等地质条件存在施工风险。

3）对软弱地质，存在撑靴反力不足、撑靴深陷等风险，会造成TBM姿态发生偏差而无法掘进。

4）敞开式TBM二衬须采用模筑结构，机械化程度不高，工期不具有优势，不利于产业集成化。

（2）护盾式TBM

护盾式TBM是在机器外围设置与机器直径大致相同的圆柱形护盾，在掘进松软、破碎岩层或其他复杂岩层起到支撑和保护作用，类型可分为单、双护盾式TBM。应用中存在的问题如下：

1）由于其掘进过程中需要依靠机器后方的已经安装的管片来承受反作用力推进，因此在安装管片过程中必须停止推进，所以开挖和管片安装不能同时进行，不利于自动化运作。

2）由于有护盾影响，开挖时对小半径的隧道能力较差。

3）对局部破碎岩层和其他特殊地质条件难以适应。

（3）复合式TBM

为了满足基于传统TBM的重庆市地铁建设安全、环境安全和快速建设的项目要求，土压力补偿盾构的原理和优点是根据传统地铁TBM在重庆市的地铁工程特点而定的。隧道掘进机是由TBM或土压力均压护罩设计或改造而成的，在重庆市地铁施工技术界称为“复合TBM”。使用复合TBM开挖后，使用管片跟随支护，并同时形成孔洞。

为了适应复杂多变的地质条件，复合TBM具有灵活多样的工作模式：全断面开放模式和土压平衡补偿模式。两者可在施工过程中根据地质条件的变化灵活切换。全断面开放模式主要用于具有自稳定能力的岩层。开挖区域不需要任何支撑并且足够稳定。该构造中的复合TBM隧道施工类似于硬岩掘进机，并且切割头必须配备大量辊刀，这种模式也是重庆市使用的主要挖掘模式。土压平衡模式适用于土壤薄弱，地下水丰富和高压层，底部料仓必须填充一定的土体压力，以确保挖掘区域的稳定性。目前，它类似于一般的土压平衡盾构防护罩的工作条件，主要用于局部风化的岩层或含水丰富的岩层。

就目前时期重庆市地铁施工情况来看，复合式TBM主要采用的模式为全断面敞开式，少有用到土压平衡模式。

2.5 施工监测方案研究

为保障施工安全、及时预测识别风险，TBM隧道施工段施工过程中采用了多种监测方法。根据该工程特点和本书研究所需，进行了监测方案的研究和布置；满足对数值模拟与理论研究验证的需要；后章理论计算、数值模拟结果与监测数据进行对比分析。

（1）隧道围岩压力监测

拟结合工程地质条件和地面建筑物情况开展试验，了解TBM在掘进、同步注浆过程中管片实时受压与理论设计分析对比，确定浅埋、深埋等不同地层时管片的受力分析。XYJ-4型压轴式双模土压力传感器，共埋设10个，埋设方式采用预制管片后方埋设，埋设点位如图2.5所示。计算分析时管片外水土荷载根据太沙基（Terzaghi）公式计算。

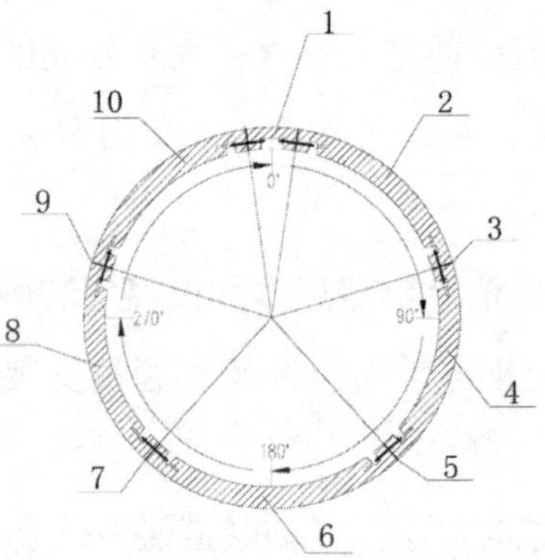

图2.5　压轴式双模土压力传感器埋设点位图

（2）变形和沉降监测

围岩的变形和应力状态与其稳定性密切相关。在围岩发生各种破坏形式之前，通常存在较大的位移、变形。在施工过程中，根据现场观察结果验证施工方案，调整施工参数并在必要时采取辅助工程措施，是有效的保证施工安全的一种方式。为配合现场施工和开展研究，在TBM隧道施工现场进行了变形和沉降监测。地表监测点布置如图2.6所示，隧道内测点布置如图2.7所示，建筑物监测点布置如图2.8所示。根据掘进前、掘进中、掘进后的监测数据判断TBM隧道施工过程中隧道横向沉降槽主要影响区及次要影响区影响范围及先行隧道和并行、不同时区掘进过程中的理论分析。监测方法：地表沉降监测常用几何水准测量方法，使用水准仪或电子水准仪观测，在常规地表沉降方法不能满足要求的情况下对监测精度及频率要求提高。

根据监测结果得出沉降数据，后第5.3节对理论计算沉降数据、数值模拟结果与实测沉降数据进行对比，并得出分布规律是否吻合。

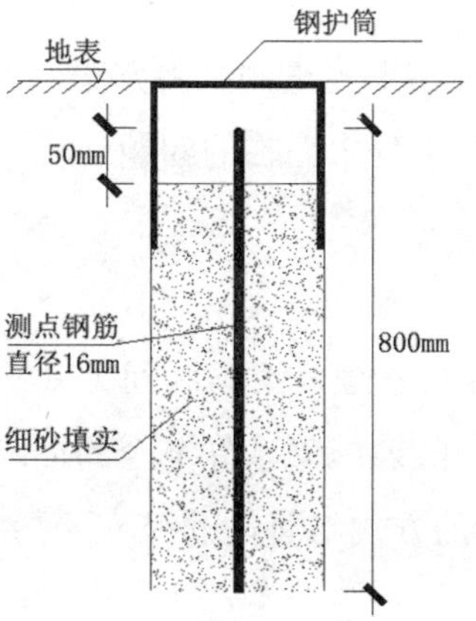

图2.6　地表监测点布置方法

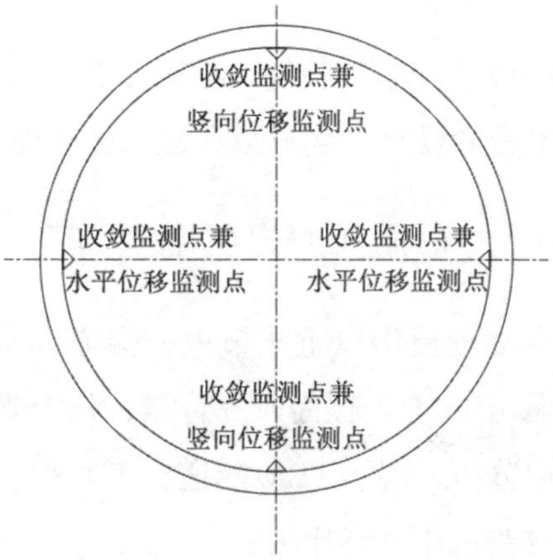

图2.7　隧道内测点布置

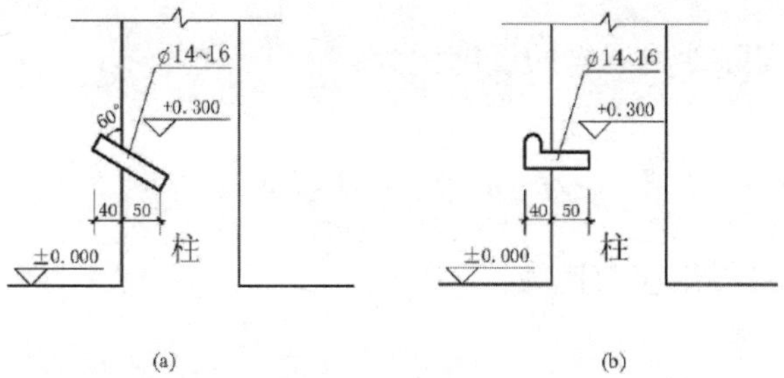

图2.8　建筑物监测点布置

第3章　砂质泥岩TBM隧道施工相似材料模型试验

后续章节进行TBM隧道施工风险分析和地表建筑物风险分析，为熟悉围岩变形、覆岩下沉和地表沉降过程，确保数值模拟和理论计算工作参数取值的准确性，本章开展隧道开挖的物理模型试验，保证施工风险分析的正确性和指导工程实践的有效性。

3.1 相似材料模型试验设计

相似性模型试验是一种重要的科学研究方法，可以借助先进的试验方法，有效地获取岩体参数和模型的变形分布规律，从而分析和解决实际工程中面临的问题。

3.1.1 砂质泥岩岩层模型构建

本物理模型以重庆市地铁交通九号线工程刘家台站—鲤鱼池站区间（刘—鲤区间）TBM隧道施工工程为研究背景，从宏观角度开展TBM隧道施工条件下全断面隧道围岩变形规律分析，揭示TBM隧道施工对围岩扰动导致变形的方式与演化过程。

试验选用外形比为：

$$L_{原型}:L_{模型}=20:1 \tag{3-1}$$

相似模型材料和实际砂质泥岩的重度比为：

$$\gamma_{材料}:\gamma_{岩土}=1:1.5 \tag{3-2}$$

结合式(3-1)、(3-2)得出应力比为：

$$\sigma_{模型}:\sigma_{原型}=1:30 \tag{3-3}$$

时间比：

$$t_{模型}:t_{原型}=1:5 \tag{3-4}$$

相似材料试验模型设立后参数如下：

1）模型比例20∶1；

2）模型尺寸参数：长宽高为4.0m×0.4m×1.5m；

3）模拟管片参数：直径0.3m，片厚0.01m，片宽0.4m；

4）模型材料配合比如表3.1所示。

表3.1 配合比

岩性	岩层	模型厚度(m)	配合比	砂(g/cm^3)	石膏(g/cm^3)	滑石粉(g/cm^3)
砂质泥岩	围岩	0.4	5∶(3:7)	2.65	2.30	2.80

3.1.2 围岩稳定性监测系统

（1）试验整体设计

本次相似材料物理模型试验模拟砂质泥岩TBM隧道施工过程，水电钻模拟刀盘，模拟掘进四次，每次间隔1小时，总计0.4m。

采用双洞对比，双洞间距2m，有效避免开挖时双洞之间的相互影响。右隧洞每掘进一次即进行一次管片支护，左隧洞不进行支护，通过管片形状和围岩的变化来判断管片支护的有效性。

全站仪、三维激光扫描仪每次开挖后即刻进行测量。相似材料物理模型试验现场设备布设如图3.1所示。

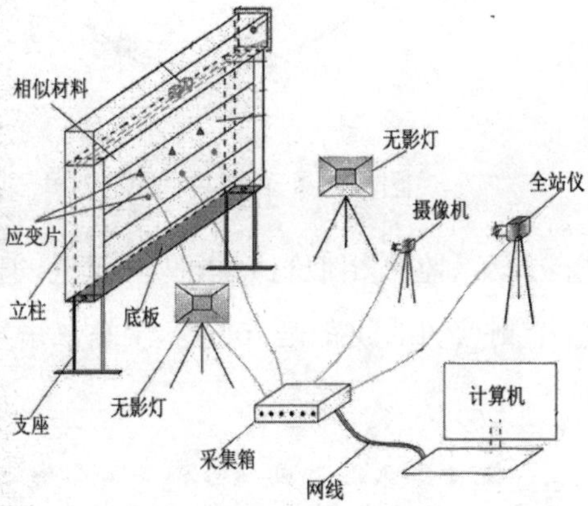

图3.1 现场试验设备布置图

（2）采集仪器布置方案

DH3816静态应变测试分析系统布置方案：布置方案如图3.2所示。DH3816静态应变测试系统可以即时显示应变及根据弹模计算出内力，在每个隧洞周围测试位置均匀布置12

组应变片，将12组应变片均匀地预埋在相似材料内部，应变片埋设方案如图3.3所示。

图3.2　静态应变测试分析系统

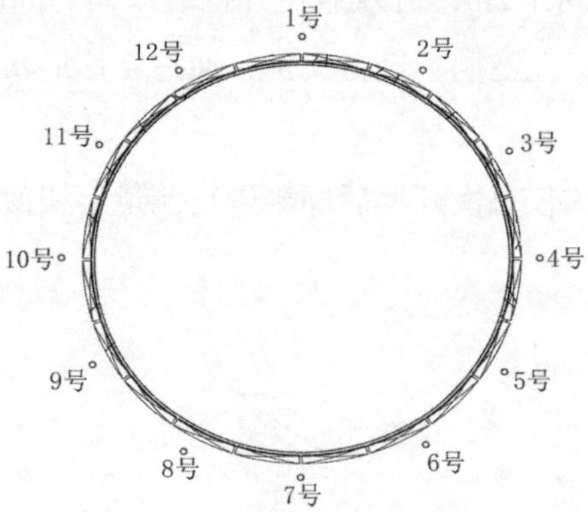

图3.3　应变片埋设方案

全站仪采集点设置方案：监测相似材料模型上布置的监测点。测点从上到下共分四排，每排18个测点，各个测点间的间距是20cm。全站仪采集点设置方案如图3.4所示。

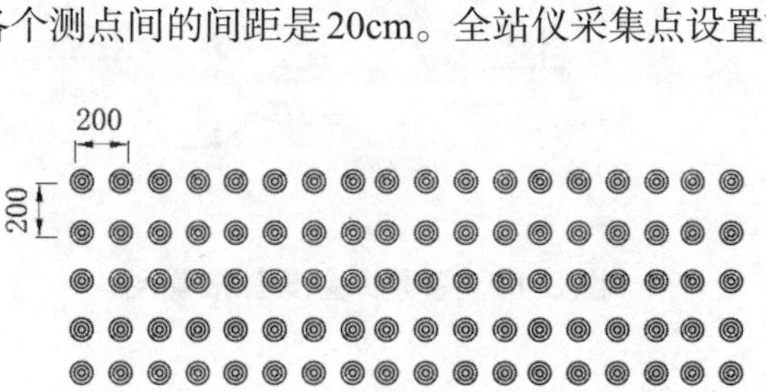

图3.4　全站仪测点的布置方案

3.1.3 相似模型试验过程及试验现象

试验开始后，用水电钻模拟TBM隧道刀盘，双洞同时开始，模拟TBM隧道施工过程。每次开挖0.1m共四次，仅对右洞进行管片支护，左洞用来比较管片支护效果。同时应变仪、全站仪同步采集读数。

共四次向前掘进至最终状态（图3.5），现象分析：随着隧道掘进的深入，隧道围岩在反复扰动下隧道的稳定性比上一次隧道围岩稳定性差，岩体重复出现“分层—扩大—断裂—压实”使整体岩体向下沉降。四次掘进过程中，右洞隧道支护后对比左洞隧道，隧道顶部同样存在裂隙和离层。由于管片支护，上方覆岩没有塌落。

图3.5　开挖后围岩变形与地表沉降实际形态图

3.2 测试结果分析

（1）围岩受力变形规律分析

使用静态应变仪采集开挖位置周围预埋的应变片应变值，管片支护围岩位移最终相对变形特征如图3.6所示，从中可以看出管片周围各个位置围岩的位移变化。随着掘进不断进行，各个应变片应变值均呈不同程度的上升，最大变形量位于拱顶位置（1号应变片），从上到下逐渐减小变形量，拱底围岩受力最少。有围岩应变情况可以看出管片的受力特征也是从拱顶到拱底逐渐减小。

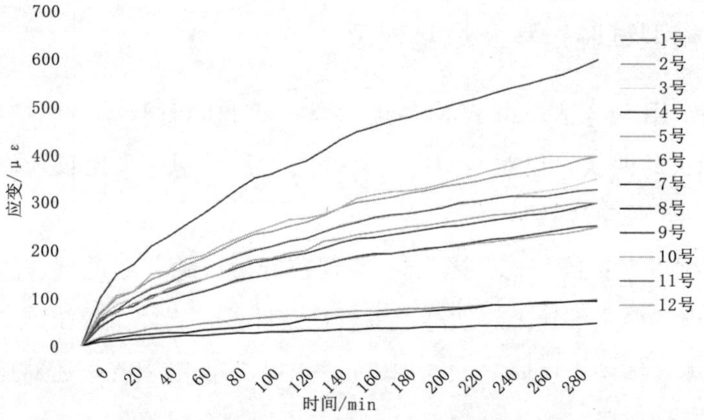

图3.6　管片支护围岩位移变形特征

（2）覆岩位移变形规律分析

在试验中，每排18个点，左右隧道各使用8个点。用全站仪提前标定未开挖状态的监测点，通过对比开挖前后采集点的位置变化，分析隧道围岩的沉降值。未管片支护的左隧道围岩沉降结果如图3.7所示，经管片支护的右隧道围岩沉降结果如图3.8所示。

对比图3.7与图3.8可知：

1）开挖后受覆岩重力影响拱顶开始下沉，最终状态及沉降槽基本符合经典Peck公式曲线。

2）管片支护对减少地表沉降效果明显。

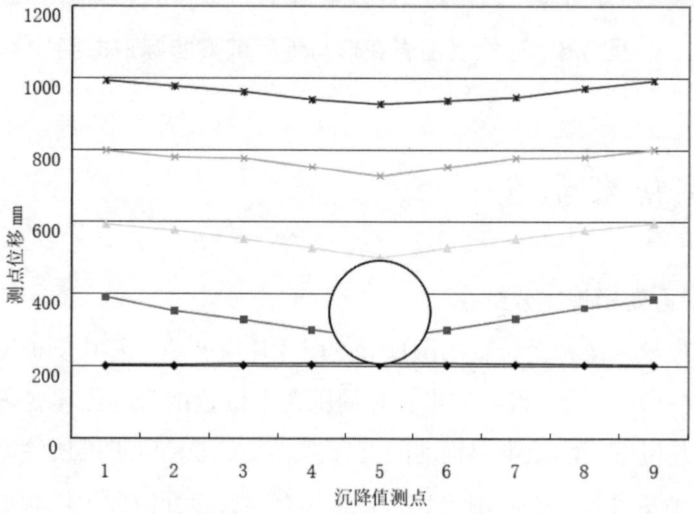

图3.7　左隧道覆岩位移变形结果

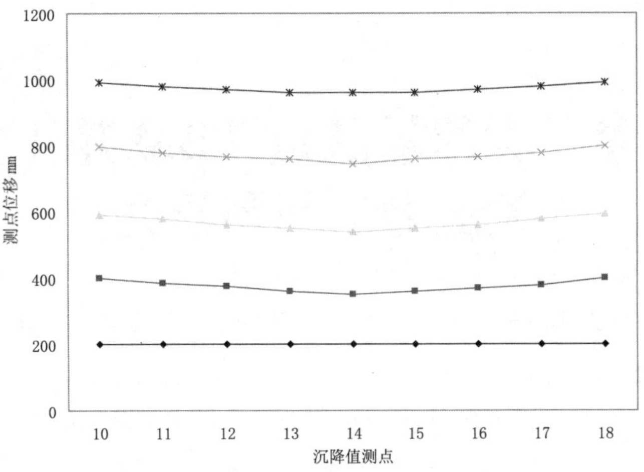

图3.8　右隧道覆岩位移变形结果

3.3 本章小结

以重庆市地铁九号线1期工程刘—鲤区间TBM开挖为工程背景，借助物理相似模型试验研究手段，结合先进的应变、位移监测手段，系统研究特定地层条件下TBM隧道掘进引起的岩土体变形和应力作用机制。从整体的变化趋势可以看出，受上覆荷载引起的集中应力影响，随着TBM隧道施工，围岩位移规律形成“V形坍落”。该试验验证了围岩变形、覆岩下沉和地表沉降的过程和规律。

第4章　大纵坡隧道TBM施工安全关键力学问题研究

本章主要对大纵坡TBM开挖面、管片受力及变形、注浆压力对围岩和管片影响、超挖对地表和管片影响进行分析并建模计算，分别得出岩土体应力、变形规律和管片内力及其变形的规律，总结分析大纵坡隧道TBM施工风险，从而采取相应合理的施工措施。

4.1 大纵坡隧道TBM施工开挖面力学分析

与平坡段相比，TBM在纵坡地段掘进时更为困难，如何保证开挖面稳定是目前亟须解决的一大难题。因此本章以重庆市地铁九号线刘家台站—鲤鱼池站区间纵坡段为例，在开挖面稳定性原理分析的基础上，设定隧道的坡度为10‰、30‰、40‰及50‰四个工况，采用MIDAS GTS NX有限元软件进行模拟计算，得出在不同坡度情况下TBM隧道施工时开挖面岩土体的应力及位移分布规律。

4.1.1 刘—鲤区间纵坡段隧道受力概况及开挖面稳定性原理分析

TBM维持开挖面稳定的原理是利用作用在刀盘上的压力F（包括土仓压力和TBM千斤顶的推力）与开挖面土体压力P相平衡的方法保持开挖面稳定，如图4.1所示。当$F < P_{\min}$和$F > P_{\max}$时，开挖面就会出现塌方以至于失稳。隧道洞周岩土体因隧道开挖而受到扰动，岩土体的极限平衡状态被打破，土中应力得以释放。在岩土体二次平衡过程中，应力发生重分布现象，进而引起岩土体的位移形式发生改变。

由于掘进机器自重大，与平坡段隧道施工相比，当掘进机器迎坡向上掘进时，其自身重力沿坡度方向会有一个分力F1，方向与掘进方向相反，在分力的作用下掘进机器前方刀盘易与开挖面发生分离，导致开挖面岩土体产生变形。当掘进机器正常掘进时，刀盘会与前方岩土体紧密贴实保持压力平衡，而当掘进机刀盘与开挖面发生分离时，掘进中的刀盘与前方岩土体不能紧密贴实，故不能为开挖面提供足够的支撑压力，如图4.2所示。整个过程是刀盘先与开挖面岩土体接触而后发生分离，这就相当于是对开挖面岩土体先进行加载然后对其进行卸荷，因此使得开挖面前方岩土体在侧向土压力作用下向两侧移动，进而导致两拱腰位置产生水平位移，竖直方向上拱顶产生竖向沉降，拱底发生隆起现象，使得开挖面岩土体发生椭圆化变形，不利于开挖面的稳定，如图4.3所示。

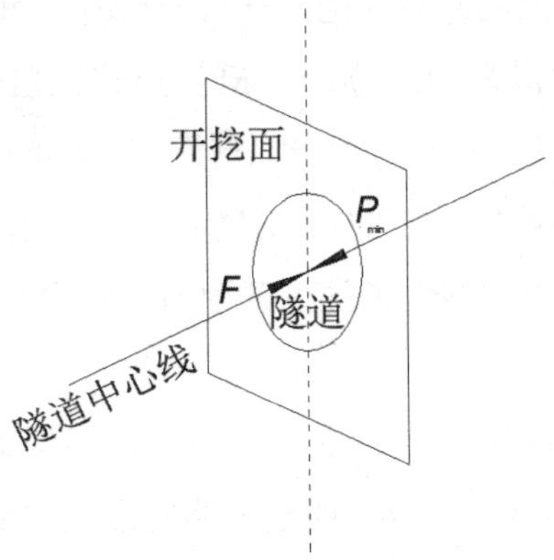

图4.1　TBM维持开挖面稳定示意图

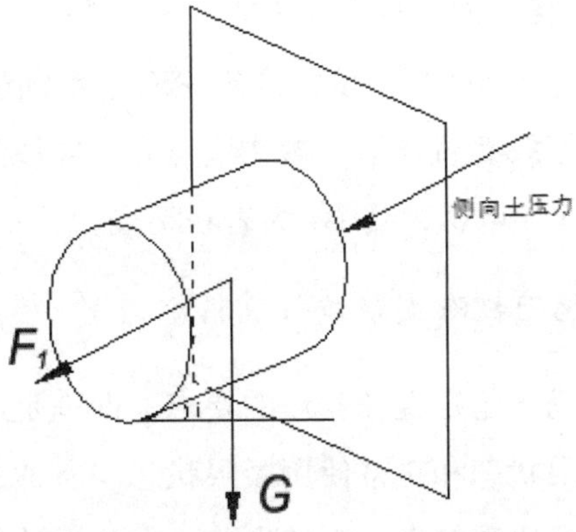

图4.2　TBM迎坡掘进开挖面受力图

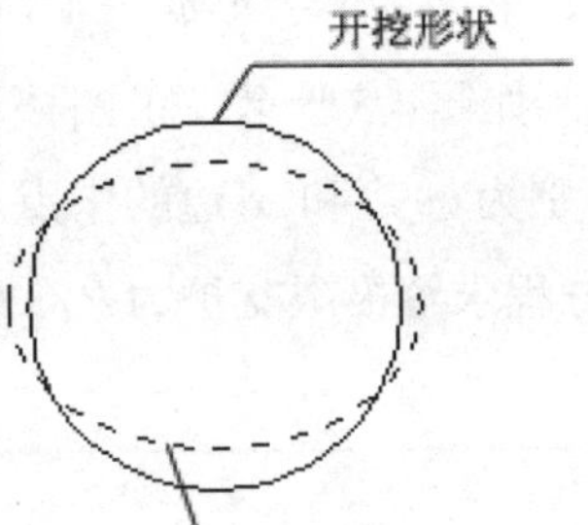

图4.3　隧道边界椭圆化变形模式

4.1.2 大坡度 TBM 隧道施工开挖面支护力计算方法

在隧道施工中，TBM一般用于开挖围岩强度较高、完整性较好的岩体，盾构机一般适用于土体的开挖，若开挖面发生破坏，两者的破坏形态显然是不同的。一般来说，岩体的抗剪强度远大于土体抗剪强度，对开挖面进行分析时，可将开挖面视为二维应力状态，开挖面整体存在向着临空面滑裂的趋势，TBM隧道施工后开挖面四周仍受岩体的约束作用，且由于开挖面前方卸荷拱的形成，滑动岩体一般为锥体。本节首先提出TBM隧道施工开挖面破坏模型，得到平坡条件下TBM隧道施工开挖面支护力的计算方法，然后在此基础上引入坡度角加以改进得到迎坡条件下开挖面支护力计算方法。在分析过程中，做如下假定和说明：

（1）认为岩体均匀，各向同性，完整性较好，即不考虑节理裂隙的影响。

（2）开挖面为平面，圆锥体等效为四棱锥体时遵循体积不变，破裂角度不变的原则。

（3）开挖面前方岩体处于极限平衡状态，滑动面上应力分布均匀，且暂不考虑水的渗透力等作用。

（4）滑动块与卸荷拱的接触面不存在应力[39]，即无侧面剪力和竖向压力。

（5）认为岩体服从莫尔破坏准则，该强度理论对于不同的岩石可用不同的强度曲线来逼近，常用的莫尔强度包络线有直线形、抛物线形和双曲线形强度曲线。为便于计算，选用直线形强度曲线$\tau = c + \sigma \tan\varphi$，其中c为岩石粘聚力，ϕ为岩石的内摩擦角。

4.1.2.1 平坡条件下开挖面极限支护力计算模型

支护作为结构系统，应满足稳定性和变形的要求，即满足通常规范中提到的两个极限状态的要求：即承载能力极限状态和正常使用极限状态。所谓的承载能力的极限状态是指支护结构的损坏、滑移并且会出现较大范围的失稳。总体设计要求不允许挖掘面支护结构处于这种极限状态。

平坡条件下TBM隧道施工时，滑动岩体会形成一个以开挖面为底的圆锥体（图4.4），为简化计算将其等效为正四棱锥，如图4.5所示。正四棱锥底面边长为$R\sqrt[3]{2\pi}$，开挖面受力分析如图4.6所示，图中e、f分别为bc边和ad边的中点。根据对棱锥体的受力分析，列水平方向和竖直方向上力的平衡方程求解极限支护力P。

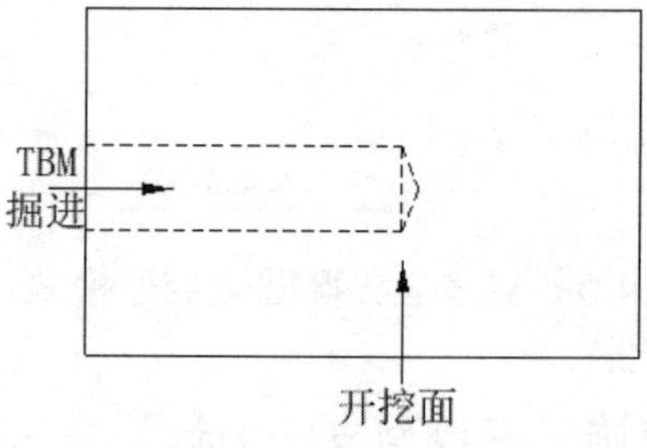

图4.4 TBM隧道施工及开挖面破坏锥体形态

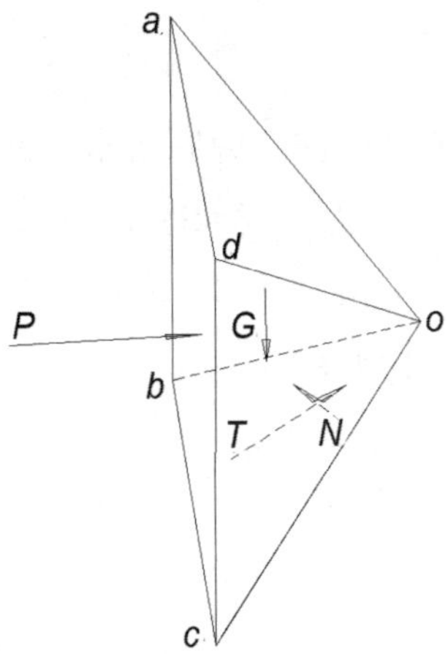

图4.5　等效正棱锥体

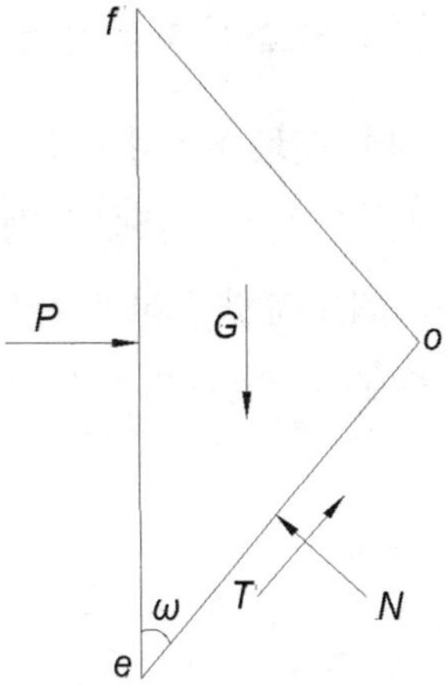

图4.6　平坡条件下开挖面受力分析

水平和竖直方向上的力学平衡方程分别为：

$$P + T\sin\omega = N\cos\omega \tag{4-1}$$

$$T\cos\omega + N\sin\omega = G \tag{4-2}$$

自重G：由几何关系可得

$$G = \frac{1}{3}S_{abcd}h\gamma = \frac{1}{3}\gamma\pi R^3\tan\omega \tag{4-3}$$

式中：R为TBM隧道施工半径，γ 为滑动岩体容重，ω为破裂角。

下部剪力T：根据直线形莫尔强度曲线可得

$$T = cS_{\triangle obc} + \sigma\tan\phi S_{\triangle obc} \tag{4-4}$$

代入图4.5中三角形obc的面积$S_{\triangle obc}$可得

$$T = \frac{cR^2\sqrt[3]{4\pi^2}}{4\cos\omega} + N\tan\varphi \tag{4-5}$$

式中：将式(4-3)、(4-5)代入式(4-1)和(4-2)，求解得平坡条件下TBM隧道施工开挖面极限支护力

$$P = \frac{\frac{1}{3}\gamma\pi R^3\tan\omega(\cos\omega - \tan\varphi\sin\omega) - \frac{cR^2\sqrt[3]{4\pi^2}}{4\cos\omega}}{\sin\omega + \tan\varphi\cos\omega} \tag{4-6}$$

4.1.2.2 迎坡条件下开挖面极限支护力计算模型

当TBM在迎坡条件下开挖，滑动岩体会形成一个以开挖面为底与水平面成θ角的圆锥体，其他条件与平坡条件下时开挖面破坏模型相同，受力分析如图4.7实线所示。相比平坡条件（图中虚线）迎坡条件下开挖面滑动岩体破裂角ω减小，滑动倾角α增大。同理，列水平方向和竖直方向上力的平衡方程求解极限支护力P。

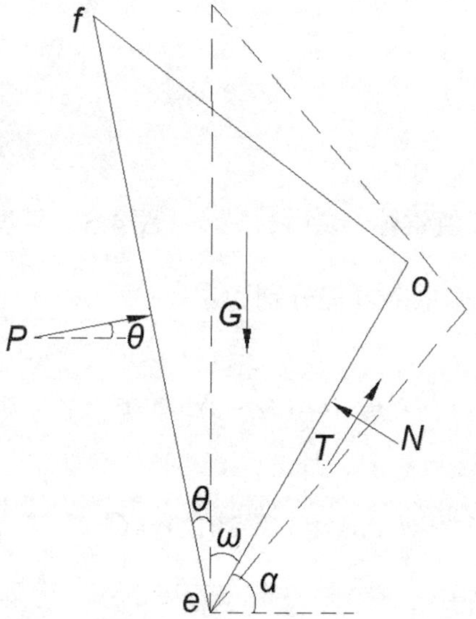

图4.7　迎坡条件下开挖面受力分析

如图4.7所示，迎坡条件下水平和竖直方向上的力学平衡方程分别为：

$$P\cos\theta + T\sin\omega = N\cos\omega \tag{4-7}$$

$$P\sin\theta + T\cos\omega + N\sin\omega = G \tag{4-8}$$

滑动岩体自重G：等效棱锥体底面边长仍为$R\sqrt[3]{2\pi}$，由棱锥体几何关系得

$$G = \frac{1}{3}S_{abcd}h\gamma = \frac{1}{3}\gamma\pi R^3\tan(\omega+\theta) \tag{4-9}$$

式中：R、γ、ω为破裂角的符号，含义同式(4-3)，θ为坡度角。

下部剪力T：与式(4-4)同理可得

$$T = \frac{cR^2 \sqrt[3]{4\pi^2}}{4\cos(\omega + \theta)} + N \tan\varphi \tag{4-10}$$

式中符号含义同前。

将式(4-9)、(4-10)代入式(4-7)、(4-8)求得迎坡条件下TBM隧道施工开挖面极限支护力

$$P = \frac{\frac{1}{3}\gamma\pi R^3 \tan(\omega+\theta)\cdot(\cos\omega - \tan\varphi\sin\omega) - \frac{cR^2\sqrt[3]{4\pi^2}}{4\cos(\omega+\theta)}}{\sin(\omega+\theta) + \tan\varphi\cos(\omega+\theta)} \tag{4-11}$$

对于一个具体的工程，坡度角θ和岩石内摩擦角 ϕ 是一定的，此时支护力P仅为破裂角ω的函数，将不同破裂角代入式中迭代求解，得到的P_{max}即维持开挖面稳定的最小支护力，而P_{max}所对应的ω就是岩体极限平衡时的破裂角[40]。

结合本工程，按上述计算方法计算坡度角1.15°~ 2.86°（对应坡度20‰ ~ 50‰）范围内隧道TBM隧道施工开挖面极限支护力。

当隧道所在地层为中风化砂质泥岩时，得平坡条件下开挖极限支护力P_{max}=−4096.3kN，相应破裂角ω=29°，迎坡条件下TBM开挖极限支护力P_{max}=−4067.9kN，相应破裂角ω=26°。

当隧道所在地层为强风化砂质泥岩时，得平坡条件下TBM开挖极限支护力P_{max}=−139.5kN，相应破裂角ω=30°，迎坡条件下TBM开挖极限支护力P_{max}=−114.4kN，相应破裂角ω=28°。

取迎坡条件下隧道穿越强风化砂质泥岩的极限支护力作为最小支护力，即最小支护力为−114.4kN，表示迎坡条件下隧道TBM施工穿越砂质泥岩时开挖面能够自稳。

为研究风化程度和线路坡度对开挖面极限支护力的影响，分别计算坡度角0°~2.9°（对应坡度0~50‰，工程实际坡度在其范围内）范围内隧道穿越中风化砂质泥岩和强风化砂质泥岩开挖面极限支护力，计算结果如图4.8所示。极限支护力总体趋势一致，均随坡度角增大而增大。风化作用会削弱岩体的强度，开挖风化程度较大的岩体需要更大的支护力。

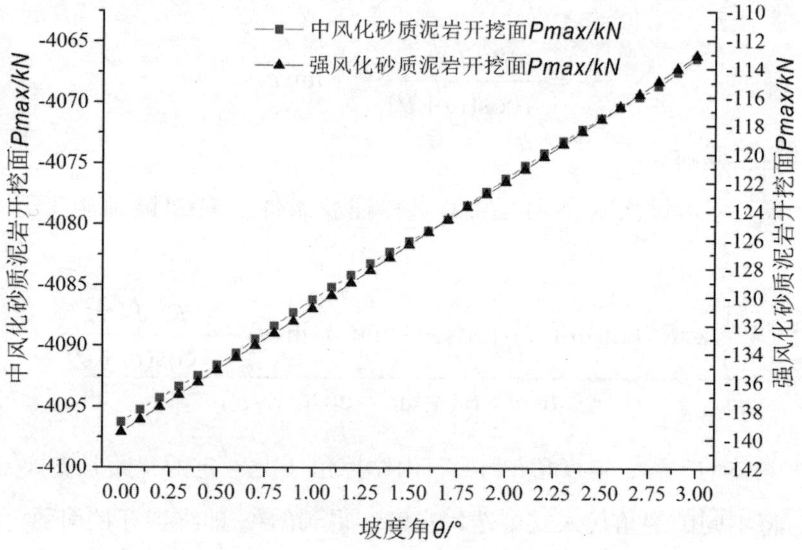

图4.8　TBM开挖面极限支护力

4.1.3 不同坡度下 TBM 隧道施工对开挖面稳定性影响的数值模拟

4.1.3.1 纵坡段 TBM 隧道三维模型的建立

针对大纵坡TBM隧道施工时开挖面稳定性问题，本书采用MIDAS GTS NX软件进行数值模拟分析。为方便三维实体模型的建立和边界条件的确定，本书设定如下基本假定：

（1）将地层视为半无限空间体；

（2）视围岩性质为均质的、各向同性的连续介质；

（3）只考虑自重应力场作用。

基于上述假定，模型中的地层下表面施加约束固定端，X方向约束施加左右表面，Y方向约束施加前后表面，地表面为自由边界。模拟时考虑岩土体自重应力的作用，且重力荷载系数取9.8m/s^2。其中，岩土体采用莫尔-库伦弹塑性模型，管片衬砌采用实体弹性模型。隧道拱顶距地面的距离取25m，根据已有的研究成果可知隧道影响范围为3 ~ 5D（D为隧道的直径），所以本书建立的三维模型尺寸为90m × 30m × 60m。纵坡段隧道的三维网格图如图4.9所示。

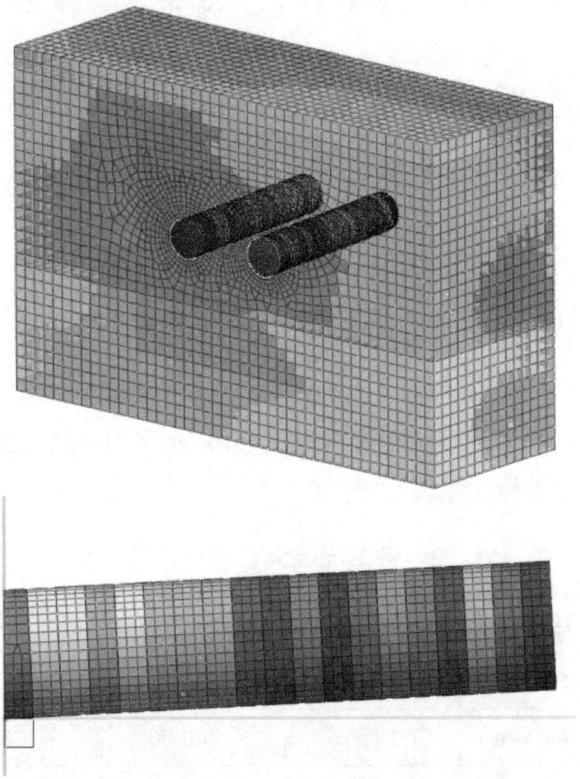

图4.9　纵坡段TBM隧道模型及三维网格划分图

4.1.3.2 物理力学参数选取

隧道主体基本位于砂质泥岩中，上部土层主要为素填土。岩土体及管片的物理力学参数如表4.1所示。

表4.1　岩土体及管片的物理力学参数表

岩石名称	重度 (kN/m^3)	弹性模量 (MPa)	泊松比	粘聚力 (kPa)	内摩擦角 (°)
素填土	18.6	17	0.35	30.9	24.6
砂质泥岩	27.8	1905	0.39	1750	35.9
管片	26.0	24000	0.2	/	/

4.1.3.3 模拟所需的工况界定

工况1：依托重庆市大纵坡TBM隧道工程实例，建立三维模型进行分析，该隧道线路坡度为10‰，将模型的分析过程分为以下阶段：第1阶段：初始地应力的计算，并将该阶段计算得出的位移清零，以模拟地层的初始应力场，减小模型的计算误差。第2~4阶段：将左线隧道的1~7环、8~14环、15~20环所对应隧道内土体钝化，并激活相应支护结构。

第5~7阶段：将右线隧道的1~7环、8~14环、15~20环所对应隧道内土体钝化，并激活相应支护结构。

工况2~4：设定隧道线路坡度依次为30‰、40‰及50‰。模型尺寸、分析阶段均与工况1一致。

4.1.4 数值模拟计算结果分析

4.1.4.1 大坡度TBM隧道开挖面主应力计算结果与分析

由于隧道为双洞双线隧道，所以本书在左线、右线隧道中各选取两个开挖面分析开挖面应力变化规律，两开挖面分别位于隧道开挖至10.5m和21m处。提取各工况下不同开挖面处的最大、最小主应力值，如表4.2所示。

表4.2 各工况最大、最小主应力值

线路坡度	应力类型	左线开挖面1	左线开挖面2	右线开挖面1	右线开挖面2
10‰	最大主应力（kPa）	54.41	52.69	67.50	48.66
	最小主应力（kPa）	−188.76	−200.00	−178.31	−203.37
30‰	最大主应力（kPa）	78.91	53.87	47.28	46.55
	最小主应力（kPa）	−130.39	−211.14	−192.60	−221.08
40‰	最大主应力（kPa）	88.54	54.26	49.78	48.51
	最小主应力（kPa）	−137.94	−224.43	−167.53	−208.83
50‰	最大主应力（kPa）	56.50	44.12	48.05	38.56
	最小主应力（kPa）	−194.65	−218.34	−162.37	−231.45

由表4.2可以看出，在同一坡度值下，左线隧道开挖面2上的最大、最小主应力值相较于开挖面1上的最大、最小主应力值小，右线也呈现出相同的变化趋势。这是因为在TBM隧道施工过程中，由于开挖卸荷作用，开挖面前方岩土体出现应力重新分布，并且随着开挖的不断进行，岩土体达到一个新的平衡状态。当TBM隧道施工到开挖面2位置时，开挖面岩土体的应力比初始应力小，因此受到的扰动较先前小，即表现为最大、最小主应力值减小。

4.1.4.2 大坡度TBM隧道开挖面轴向应力计算结果与分析

为进一步分析大坡度TBM隧道施工时开挖面的Y轴（隧道掘进方向）轴向应力，仍选取10‰、30‰、40‰、50‰四个坡度来进行计算。计算中比较了四个不同坡度下的开挖面轴向应力的变化情况，通过对比发现不同坡度下的隧道左右线不同开挖面处的轴向应力分布大致相似，因此本书仅选取不同坡度下右线开挖面1处的轴向应力来进行分析。

由模拟计算结果可知，四个工况下的轴向应力既呈现出一致性，也表现出一定的差异性。由图4.10可以看出，一致性体现在四个工况下的轴向应力都出现分层现象，轴向应力值均随距开挖面距离的增加而逐渐减小，且最大值都出现在开挖面前方岩土体上。距离开挖面较近的岩土体出现轴向拉应力，远离开挖面的岩土体出现轴向压应力（拉为正、压为负）。差异性体现在隧道坡度从10‰增加到30‰时轴向应力值显著增大，当隧道坡度大于30‰时虽然轴向应力值也在增加，但是增加的趋势逐渐趋于平缓。同时由图4.10也可以看出轴向应力值随着坡度的增大而增大，其主要原因是随着坡度的增大，开挖面处岩土体的自重力在坡度方向上的分力也相应增加，分力方向与掘进方向相反。在分力的作用下开挖面岩土体朝向开挖面滑移，坡度越大，开挖面承受的法向应力也越大，即表现为轴向应力值增大。

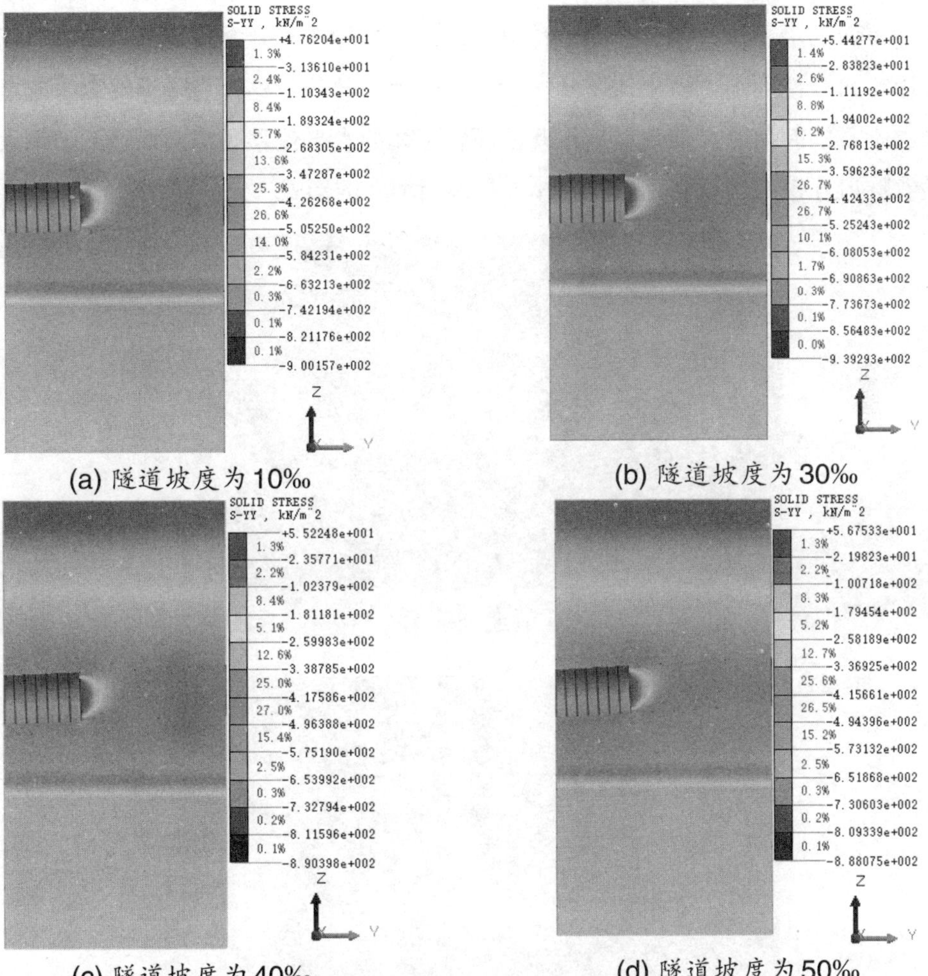

(a) 隧道坡度为10‰　　(b) 隧道坡度为30‰

(c) 隧道坡度为40‰　　(d) 隧道坡度为50‰

图4.10　不同坡度下隧道开挖面的轴向应力分布图

4.1.4.3 大坡度TBM隧道施工引起的开挖面岩土体变形分析

大坡度TBM隧道左线开挖时开挖面岩土体变形分析：

（1）开挖面岩土体水平、竖向变形分析

由图4.11、图4.12、图4.13可以看出：大坡度TBM隧道仅左线施工时，因隧道开挖卸荷而产生的水平变形主要出现在开挖面两拱腰附近，且开挖面处两拱腰的水平位移呈现出相同的变化趋势，并关于隧道中心线对称。同一开挖面处两拱腰的水平位移值基本相同，开挖面岩土体的水平位移峰值呈现出随着坡度的增大而逐渐减小的趋势。

竖向变形主要出现在开挖面拱顶和拱底处，其表现为开挖面拱顶出现向下的沉降，拱底出现向上的隆起，且竖向变形峰值呈现出随隧道坡度的增大而逐渐增大的趋势。与开挖面拱底隆起值相比，开挖面拱顶沉降值相对较小。

在相同坡度值情况下，随着隧道的开挖，后续开挖面的水平位移值、竖向位移值均比先开挖开挖面的水平位移值、竖向位移值大，说明当隧道刚开始进行开挖时就对周围岩土体造成影响，开挖面前方岩土体受到扰动，先产生一部分位移，当隧道继续开挖至研究断面时，由于开挖卸荷的叠加效应使得开挖面岩土体的水平位移和竖向位移不断增大，即表现出随着隧道开挖的进行开挖面岩土体位移逐渐增大的形式。

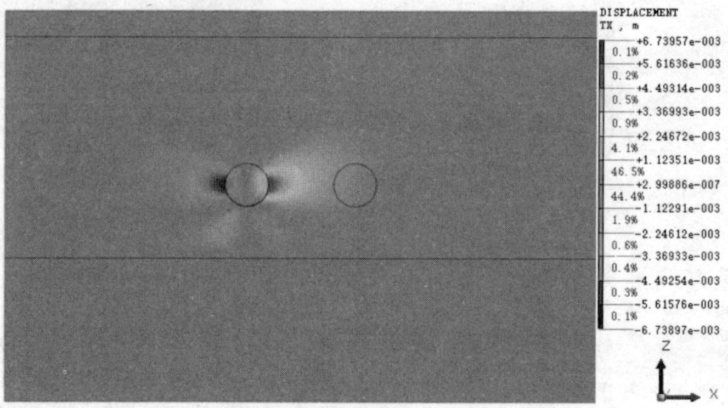

(a) 隧道坡度为10‰

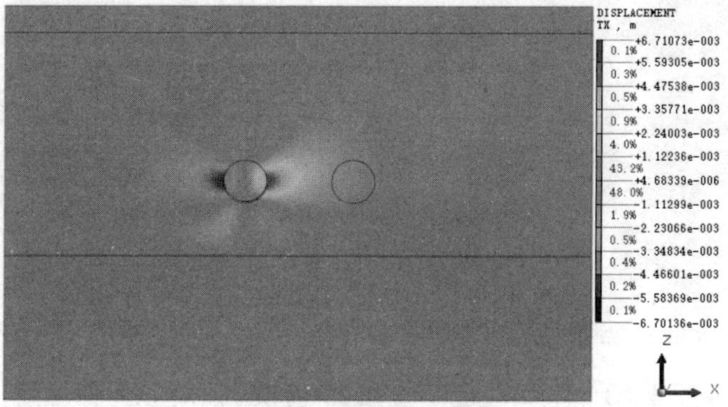

(b) 隧道坡度为30‰

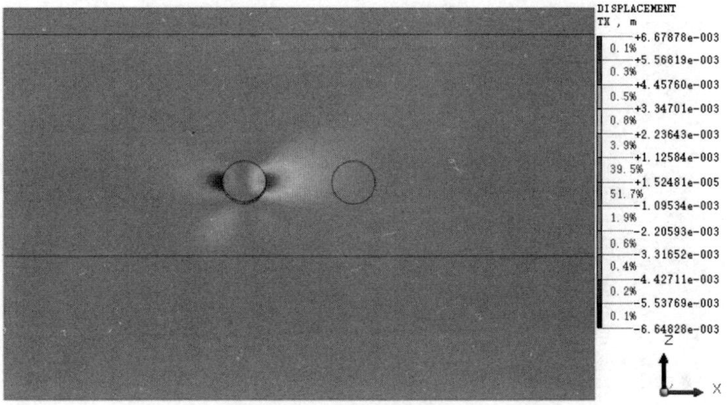

(c) 隧道坡度为 40‰

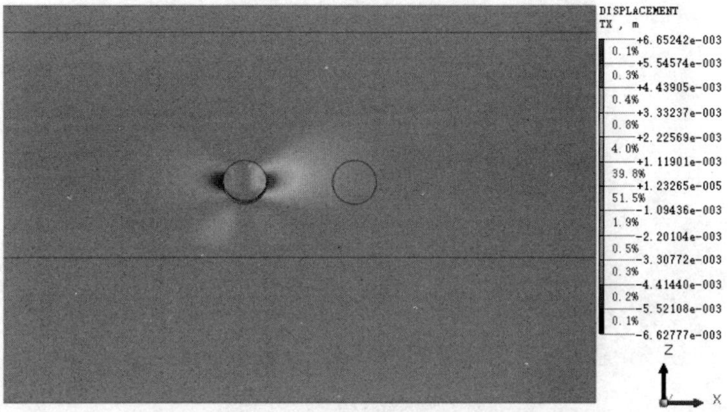

(d) 隧道坡度为 50‰

图 4.11　不同坡度下左线隧道开挖面的水平（X向）位移图

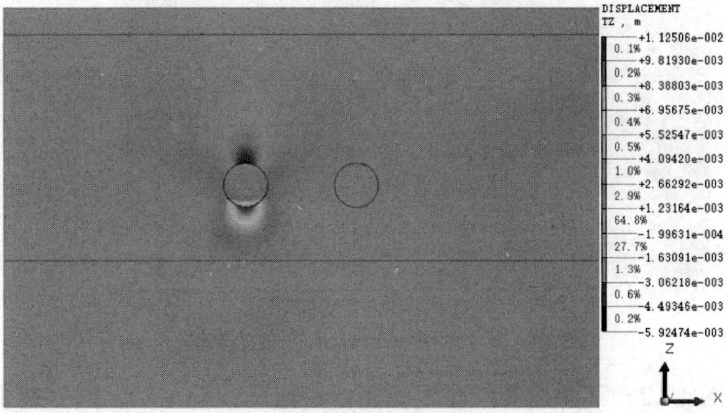

(a) 隧道坡度为 10‰

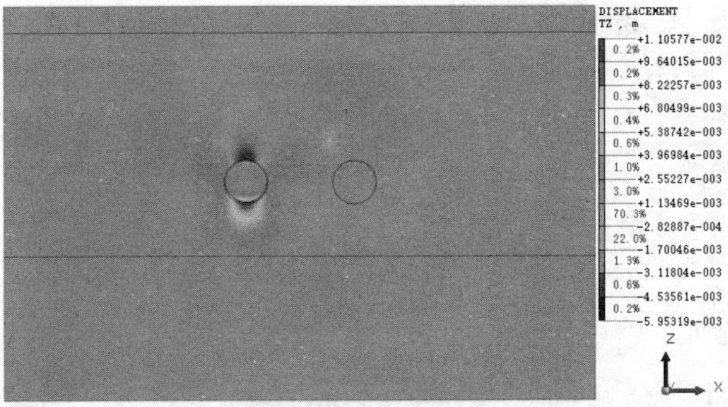

(b) 隧道坡度为30‰

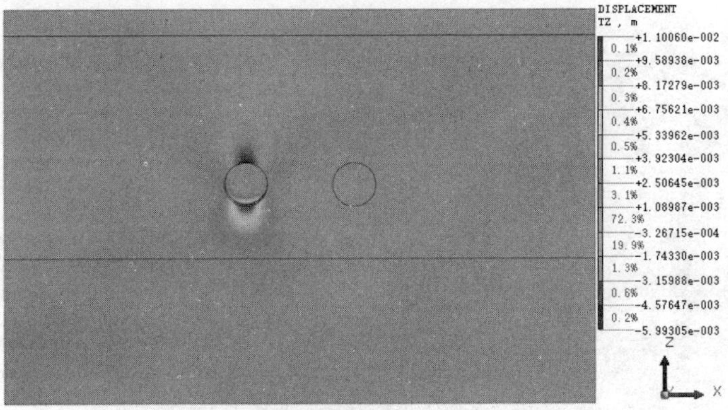

(c) 隧道坡度为40‰

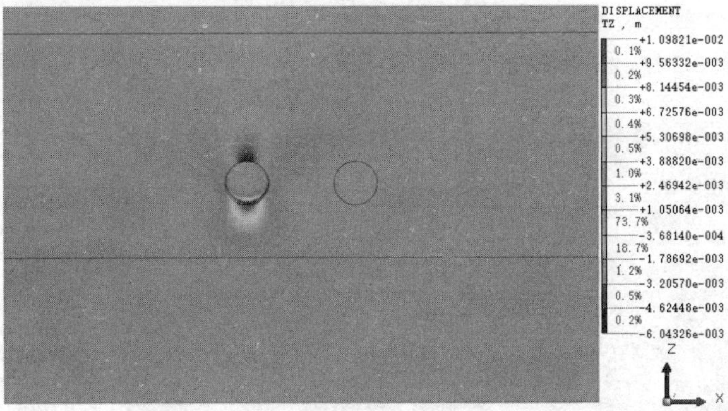

(d) 隧道坡度为50‰

图4.12　不同坡度下左线隧道开挖面的竖向（Z向）位移图

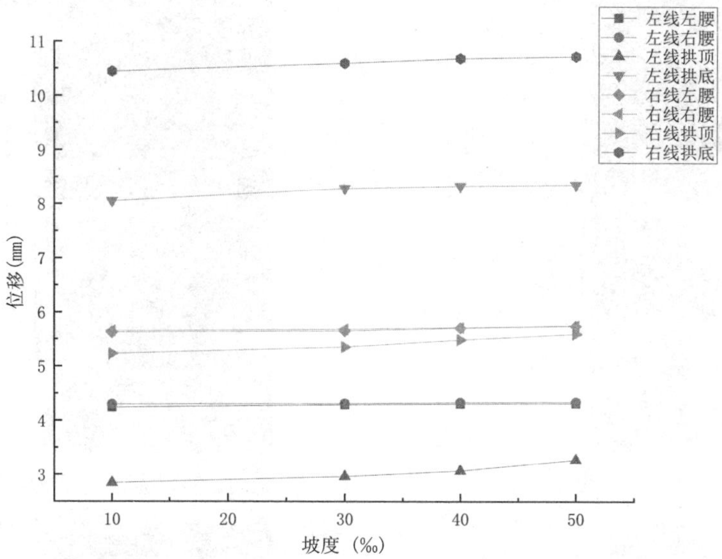

图4.13　不同坡度下各位置位移变化曲线图

（2）开挖面岩土体纵向变形分析

由图4.14的计算结果可见，开挖面前方岩土体形成一定范围的纵向变形区域，影响范围约为1.1倍隧道洞径，且纵向位移最大值出现在开挖面处，距离开挖面越远纵向位移值越小，分析原因为由于坡度的存在，距离开挖面较近的岩土体朝向刀盘方向滑动，使得靠近开挖面的岩土体受到的拉应力较大，进而导致纵向位移值大于远离开挖面的岩土体的纵向位移值。随着坡度的增加，纵向位移值也逐渐增大，其主要原因是当隧道处于上坡开挖状态时，掘进机抬头前进的姿态随着坡度的变化而变化，坡度较大时前进姿态变化复杂，导致岩土体开挖应力重分布现象明显，因而地层损失越大，从而引起纵向位移值增大。同时也可看出，当坡度较小时，纵向变形较大的区域出现在开挖面中心处，但随着坡度的增加，纵向变形较大区域逐渐下移，出现在开挖面中心以下，说明与平坡相比，有坡度时刀盘上部会由于坡度的影响与开挖面出现部分脱离，千斤顶推力集中在开挖面下方，造成重心下移，使得纵向变形较大区域出现在开挖面下方岩土体上。

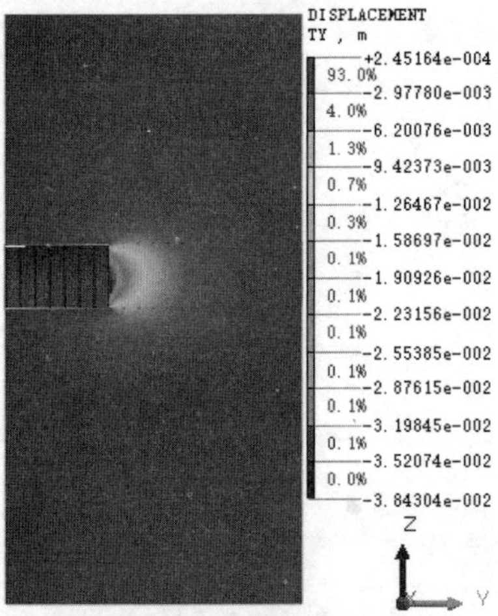

(a) 隧道坡度为10‰

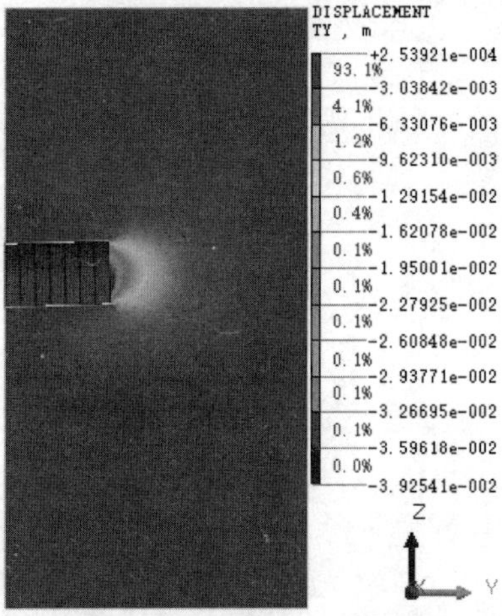

(b) 隧道坡度为30‰

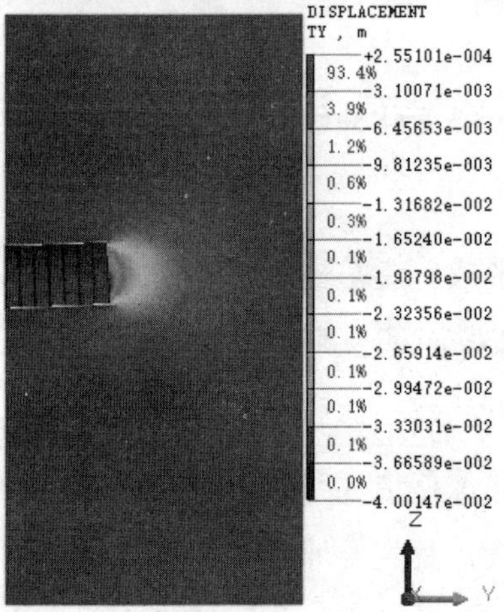

(c) 隧道坡度为40‰

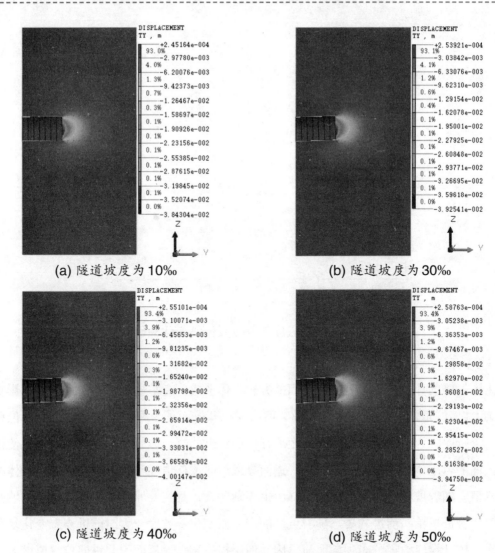

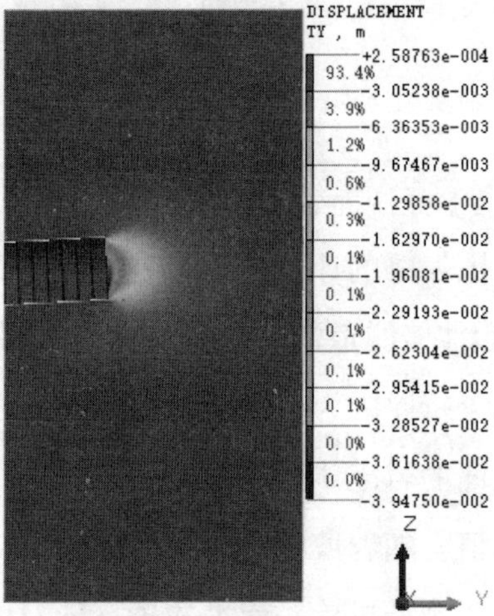

(d) 隧道坡度为50‰

图4.14　不同坡度下左线隧道开挖面的纵向（Y向）位移图

综上所述，TBM迎坡掘进时对于开挖面岩土体的开挖可以等效为对岩土体先进行加载然后再对其卸荷。由于开挖卸荷作用，开挖面岩土体形成三维（X向、Y向、Z向）松动区域，再加上开挖面上覆岩土体的重力作用，开挖面处岩土体受到挤压，各种作用力叠加在一起，岩土体发生松动并向掘进机刀盘方向产生滑移。当开挖面不能提供足够的支撑力时就会造成开挖面岩土体失稳，由此可以看出隧道在有坡度下进行施工时对开挖面的稳定是极其不利的。通过对模拟计算结果进行分析，发现得出的结论与前节中理论分析的结论相一致，进而也验证了该模型的合理性和正确性。

左线开挖完成后进行右线隧道开挖，右线开挖时开挖面土体变形分析和开挖完成后左、右线岩土体变形分析如下：

（1）右线隧道开挖面岩土体变形分析

提取隧道右线进行开挖后不同坡度下左、右线开挖面1处的水平、竖向位移值，并绘制成表4.3。由表中数据可知，当右线隧道施工到开挖面1处时，与仅左线开挖相比，右线开挖面1处岩土体的水平位移、竖向位移均比左线同一位置的水平位移、竖向位移小，这是由于在进行左线隧道施工时出现的开挖卸荷现象使得岩土体中应力减小，当右线隧道开始施工后，受岩土体中应力减小因素的影响，开挖面处岩土体的变形也相应减小。

表4.3　不同坡度下左、右线开挖面1处水平、竖向位移值表

单位：mm

坡度	左线开挖面1				右线开挖面1			
	水平位移（*X*向）		竖向位移（*Z*向）		水平位移（*X*向）		竖向位移（*Z*向）	
	左拱腰	右拱腰	拱顶	拱底	左拱腰	右拱腰	拱顶	拱底
10‰	4.330	4.666	3.269	8.048	2.531	3.803	2.848	7.706
30‰	4.304	5.010	3.066	8.285	2.501	4.207	2.603	7.873
40‰	4.311	4.961	2.960	8.326	2.522	4.337	2.480	7.947
50‰	4.340	4.968	2.844	8.347	2.508	4.308	2.395	8.039

（2）右线隧道施工完成后岩土体变形分析

由上文可知，仅左线隧道开挖时，两拱腰的水平位移值几乎相等，影响范围大致相同，但当右线隧道施工完成后，左线隧道两拱腰的变形形式发生改变。受右线隧道开挖卸荷的影响，左线隧道左拱腰水平位移值大于右拱腰，且两拱腰水平位移值均比仅左线开挖时大，这是因为左线隧道右拱腰靠近右线隧道，当右线隧道开挖时，左线隧道右拱腰受到的二次扰动较左拱腰大，右拱腰会向左拱腰偏移，进而导致左拱腰受到的挤压较大，产生的位移也大。由图4.15可以看出，左线、右线纵向位移峰值出现在相同位置，右线纵向位移峰值为5.77mm，稍大于左线纵向位移峰值5.72mm，且左右两线纵向位移变化趋势相近。观察发现，左右线先施工区域纵向变形不明显，随着施工的进行，进入隧道后半部分施工时纵向变形显著。由图4.16可知，与仅左线开挖相比发现，当右线隧道最后一个施工阶段完成后，左线隧道拱顶沉降值增大，且上覆岩土体的沉降域变大，并延伸至地表，呈“漏斗状”分布。

大量文献研究结果表明，隧道在平坡地段施工时，当双线隧道施工完成后，拱顶最大沉降值出现在先开挖隧道的入洞口处，是由于入洞口处土体经受多次扰动，因而沉降值相对其他位置大。但由本书可以看出，双线隧道施工完成后，自左、右线隧道中间部位开始拱顶发生明显沉降，其主要原因是本书隧道是在大纵坡地段施工，相较于平坡段，由于有坡度的存在，拱顶出现明显沉降的地方靠后，且随着坡度的增大位置逐渐后移。

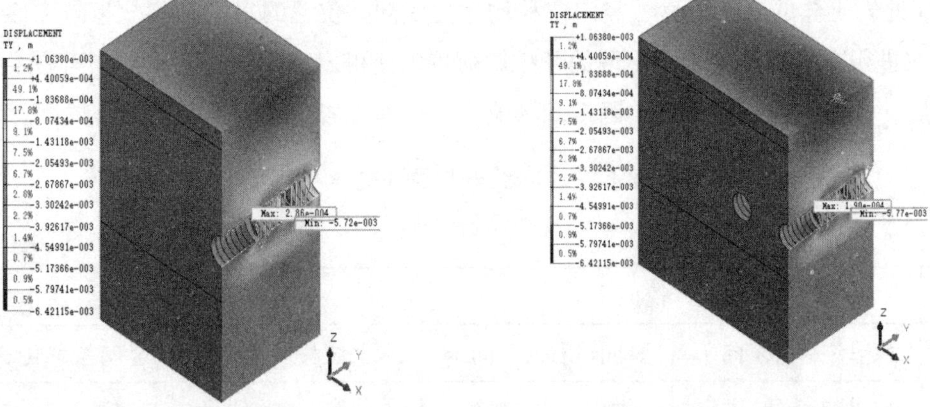

图4.15　左、右线隧道纵向位移图

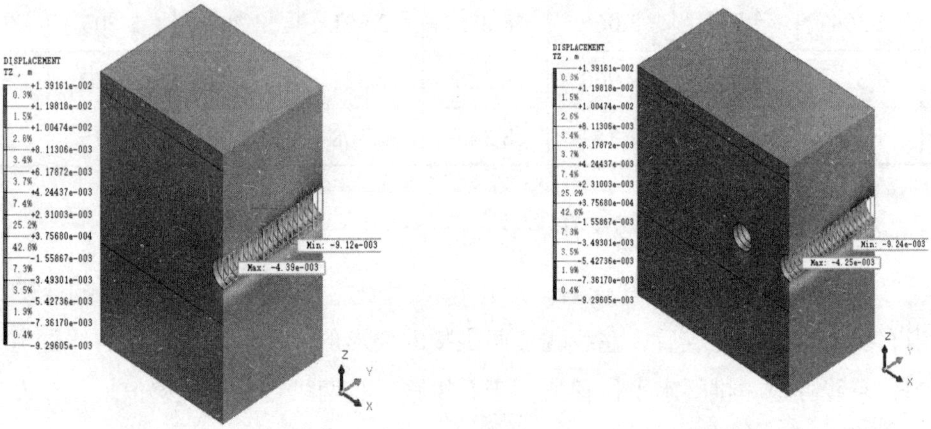

图4.16　左、右线隧道竖向位移图

4.1.5 本节小结

本节依托重庆市地铁九号线1期工程刘家台站—鲤鱼池站区间迎坡段TBM隧道施工工程，首先进行理论分析，并通过分析TBM开挖面破坏形态，建立了TBM岩体开挖面破坏模型，提出了开挖面极限支护的计算公式，然后结合本工程用数值模拟方法对大坡段TBM隧道施工时的开挖面稳定性问题进行分析。经过计算分析得出以下结论：

（1）不考虑地下水渗透力等作用的情况下，TBM开挖面土体应力随坡度增大而减小，表明坡度增大开挖面愈加不稳定，容易失稳。实际施工过程中应对开挖面施加合理推力，以使刀盘有效切削岩体，顺利掘进。

（2）相同工况下岩体的抗剪强度越大，开挖面极限支护力越小，在实际工程中，若隧道穿越不同岩层，则应以抗剪强度较小的岩体作为开挖面极限支护力的计算对象。

（3）迎坡条件下线路坡度越大，TBM隧道施工挖面所需支护力越大，故在隧道设计时要充分考虑线路坡度对开挖面稳定性的影响。

（4）通过研究不同坡度下隧道开挖面的最大、最小主应力和轴向应力，发现随着坡度的增加最大主应力逐渐增大。当隧道坡度从10‰增加到30‰时轴向应力值显著增大，当隧道坡度大于30‰时虽然轴向应力值也在增加，但是增加的趋势逐渐趋于平缓。

（5）大坡度TBM隧道仅左线施工时，开挖面岩土体的水平位移峰值呈现出随着坡度的增大而逐渐减小的趋势，竖向变形峰值、纵向变形峰值均呈现出随隧道坡度的增大而逐渐增大的趋势。开挖面前方岩土体形成一定范围的纵向变形区域，影响范围约为1.1倍隧道洞径，且纵向位移最大值出现在开挖面处，距离开挖面越远纵向位移值越小。当坡度较小时，纵向变形较大的区域出现在开挖面中心处，但随着坡度的增加，纵向变形较大区域下移，出现在开挖面中心以下。

（6）与仅左线隧道开挖相比，右线隧道开挖完成后左线隧道左拱腰水平位移值大于右拱腰，且两拱腰水平位移值均比仅左线开挖时大。双线隧道施工完成后，自左、右线隧道中间部位开始拱顶发生明显沉降，与平坡地段不同。

（7）在TBM隧道施工时，由于土体的损失，开挖面附近土体应力降低，通过千斤顶增大推力给开挖面一定的支护，以维持开挖面的稳定性。

如果支护力不足，将导致开挖面变形增加，地面沉降加大；如果支护力太大，将导致开挖面前部上方地面隆起。因此，在施工过程中应合理控制支护力，应将开挖面的应力尽可能保持在地层的原始应力附近，以减少对地层的扰动。在纵坡条件下，由于土体的重力作用，开挖面的应力损失较大。因此，应该增加开挖面的支护力，坡度越大，开挖面的支护力也越大。由于隧道的埋深不断变化，应考虑埋深变化对开挖面应力的影响，以实时调整支护力。

4.2 大纵坡 TBM 隧道施工管片受力及变形分析

管片是整个隧道的骨架，管片的安全性能对整个隧道长期安全运营至关重要。大坡度隧道在施工过程中可能会由于实际掘进轴线偏离设计轴线，使管片结构发生破坏，甚至可能在施工过程中出现安全问题。关于管片的研究大都采用荷载结构法，针对施工阶段管片的受力以及TBM隧道施工引起管片破损、上浮等问题的研究以及在不同纵坡条件下对管片受力与变形的研究较少。因此，本书以重庆市地铁九号线1期工程刘家台站—鲤鱼池站区间TBM隧道为工程背景，采用地层结构法对不同坡度条件下管片的受力与变形进行研究，通过对有限元模拟结果进行分析，探究管片内力及其变形的变化规律，对改善管片受力提出相应措施以及保证管片结构的安全性与耐久性是十分必要的。

4.2.1 管片结构力学分析

结构模型采用地层结构法[41]建立，地层结构模型中地层和衬砌共同受力，两者相互约束变形，当衬砌厚度大于20cm时，力学分析中可将其视为厚壁圆筒，本工程中隧道属于深埋隧道，其横断面为圆形断面，管片厚度为35cm，因此可将其视为受均匀外压的厚壁圆筒进行力学分析。因该截面为轴对称图形，其均匀外压可取1/4截面进行示意，其结构模型及结构微元受力如图4.17所示，管片所受的压力与变形来自上部岩土体的自重以及围岩在自身平衡过程中的变形或破裂导致[42]。当隧道埋深较大时，可近似按照平面应变问题分析衬砌，对于由径向线和圆弧线围成的圆形、圆环形结构，可以采用极坐标法进行平面问题的求解[43]，极坐标微元形变如图4.18所示。

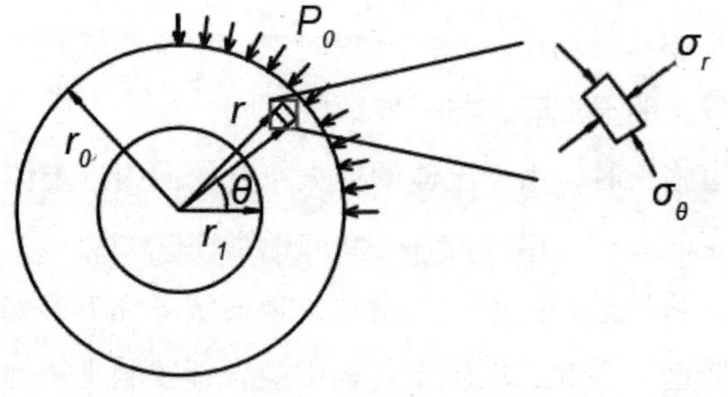

图4.17　结构微元受力图

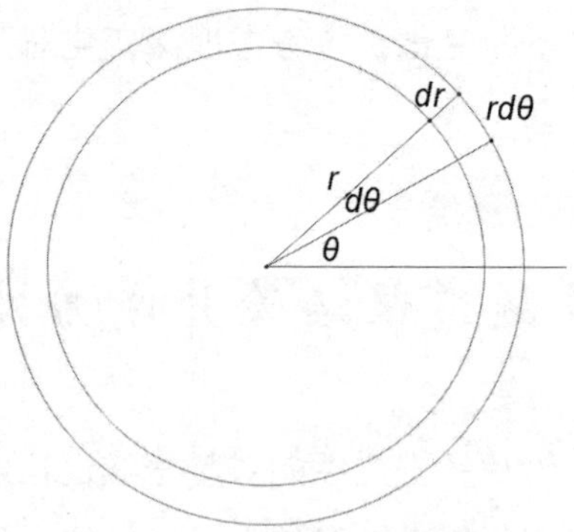

图4.18　极坐标微元变形示意图

图中P0地层对衬砌外表面作用的形变压力，r1为衬砌内径，r0为衬砌外径，u为衬砌在半径r处由P0引起的径向位移。

使用弹性力学方法对微元进行分析时，假定原岩应力各向等压且围岩为理想弹塑性体，因为管片与围岩共同受力，所以有边界条件：$\sigma_r\big|\ =0$，$\sigma_r\big|_{r=r_0}=P_0$

根据图4.18采用极坐标法进行微元变形分析，联立平面应变本构方程、平衡方程以及几何方程[12]，并将边界条件代入可得衬砌内任一点处的径向位移：

$$u=\frac{m-1}{mE}\times\frac{r_0^2 r}{r_0^2-r_1^2}\times P_0+\frac{m+1}{mE}\times\frac{r_0^2 r_1^2}{r_0^2-r_1^2}\times\frac{P_0}{r} \tag{4-12}$$

其中$m=(1-\mu)/\mu$，μ为衬砌材料泊松比，E为衬砌材料弹性模量。

由上式可知，管片的径向位移与地层作用于管片外部的压力P0密切相关。管片外部仅考虑土压力作用，当隧道轴线与水平方向存在夹角α时，根据平行四边形法则，管片外部土压力会分解成一个平行于隧道轴线的分力与一个垂直于隧道轴线的分力，如图4.19所示。图4.19中：

$$\begin{cases}P_0=P\times\cos\alpha\\P_1=P\times\sin\alpha\end{cases} \tag{4-13}$$

式中：P为管片上覆土体自重，α为隧道坡角，P1为上覆土体自重作用于管片产生的平行于隧道轴线分力。

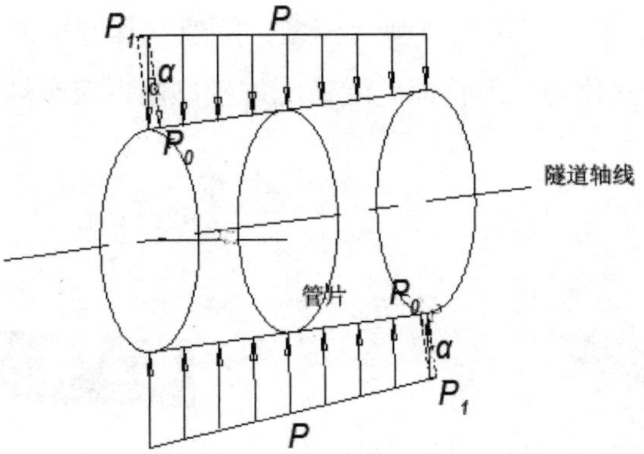

图4.19　管片受力分析图

由式(4-13)可知，在同一坡度下，管片上覆土体自重应力的大小决定其产生的分力大小，当隧道的坡角α发生变化时，管片上部土压力产生的分力大小也会随着坡度的变化而发生改变。当隧道存在坡度时，管片拱顶到地表的距离会因为坡度的存在沿隧道掘进方向而逐渐变小，作用于管片不同位置的上覆土压力就会发生变化，隧道坡度越大，管片的上覆土压力减小得越明显，与平坡隧道相比，其产生的分力会减小，引起的管片变形也会发生变化。对于迎坡施工隧道，外部土压力分解的平行于隧道轴线的分力会随着隧道坡度的增大而逐渐增大，垂直于隧道轴线并使管片产生径向位移的分力P0则会随着隧道坡度的增大而逐渐减小，由式(4-12)可知，管片产生的径向位移就会发生变化。

综上可知，当隧道存在坡度时，作用于管片上的外部土压力大小会发生变化，管片的内力与变形也会受到坡度的影响而发生改变。

4.2.2 不同纵坡条件下管片数值模拟

4.2.2.1 管片模型的建立

本书将采用MIDAS GTS NX有限元软件对不同纵坡隧道施工下管片的内力变化及变形进行模拟分析，采用地层结构法建立三维结构模型，模型尺寸为$X\times Y\times Z$=90m×30m×60m。为了便于三维结构模型的建立以及对边界条件的确定，本书设定三个假定：

（1）将地层视为半无限空间体；

（2）将围岩视为匀质、各向同性的弹塑性材料；

（3）只考虑自重应力场。

基于上述假定，分别对坡度为0‰、20‰、30‰、50‰四个工况下的纵坡隧道进行有限元模拟，模拟时考虑岩土体自重应力的作用，其重力荷载系数取9.807m/s^2，岩土体采用莫尔-库伦弹塑性模型，管片采用实体弹性模型，隧道拱顶到地面的距离取26m，分析在不同坡度下管片的内力变化与变形特征。隧道三维模型图以及纵坡隧道网格划分如图4.20所示。

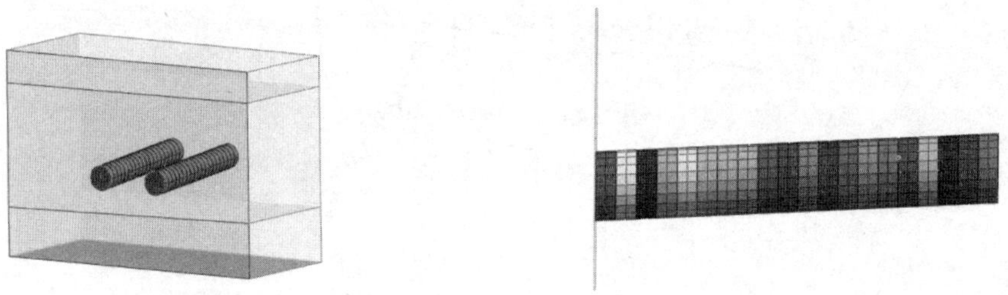

(a) 隧道三维模型图　　(b) 纵坡隧道网格划分图

图4.20　纵坡隧道三维模型与网格划分图

4.2.2.2 模拟的物理力学参数选取

纵坡隧道所在地层为砂质泥岩，上覆土层为素填土。TBM隧道采用管片作为衬砌，使用地层结构法建立模型时，管片刚度采用计算修正法，不考虑螺栓连接的影响，不考虑管片环间缝对管片竖向刚度的影响，纵向接茬对管片整体刚度折减系数取η=0.7，岩土层及管片的物理参数如表4.4所示。

表4.4　岩土层及管片的物理力学参数

名称	弹性模量 E(MPa)	粘聚力 c(kPa)	泊松比 μ	内摩擦角 φ(°)	重度 γ/(kN/m³)
素填土	17	30.9	0.35	24.6	18.6
砂质泥岩	1905	1750	0.39	35.9	27.8
管片	24000	/	0.2	/	26.0

4.2.2.3 模拟所需的工况界定

依托重庆市地铁九号线1期工程刘家台站—鲤鱼池站区间隧道工程实例，建立三维模型进行分析，模型尺寸设定为90m × 30m × 60m，将模型的分析过程分为三个阶段。第一阶段进行初始地应力计算，将该阶段计算得出的位移清零，以模拟地层的初始应力场，从而减小模型的计算误差。第二阶段将左线隧道内的土体钝化，并激活相应的支护结构，从而模拟TBM隧道左线的开挖施工。第三阶段将右线隧道内的土体钝化，并激活相应的支护结构，从而模拟TBM隧道右线的开挖施工。本节共设定隧道坡度分别为0‰、20‰、30‰、50‰四个工况，均按照上述设定的模型尺寸以及分析阶段进行分析。

4.2.3 数值模拟计算结果分析

4.2.3.1 不同纵坡下管片的轴力计算结果与分析

本书所选区间为双线双洞隧道，由数值模拟的计算结果可以看出，在隧道坡度发生变化的情况下，右线管片轴力与左线管片轴力的变化形式大致相似，因此本书只选取左线管片进行轴力分析，并规定管片受压为负、受拉为正。由图4.21可知，本书设定的坡度为0‰、20‰、30‰、50‰四个工况，沿隧道通行方向管片的轴力变化既表现出一致性，又存在一定的差异性。一致性主要体现在管片整体承受压力，在管片的拱顶与拱底的轴向压力较小，最小轴向压力均出现在拱顶，最大轴向压力出现的位置在管片的左、右拱腰；差异性主要表现在随着隧道坡度的增加，管片的最大轴力在逐渐减小。

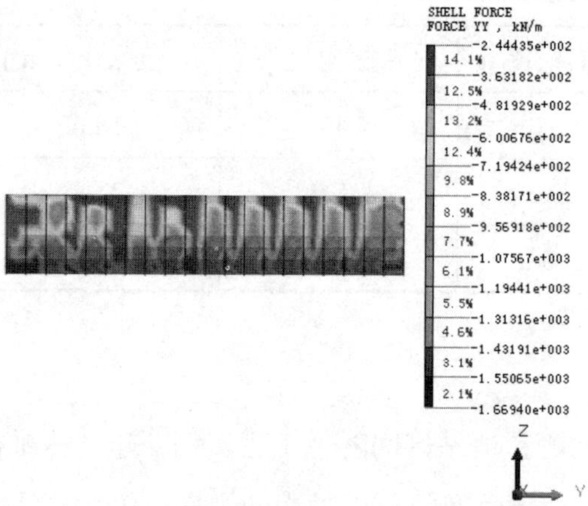

(a) 隧道坡度为0‰

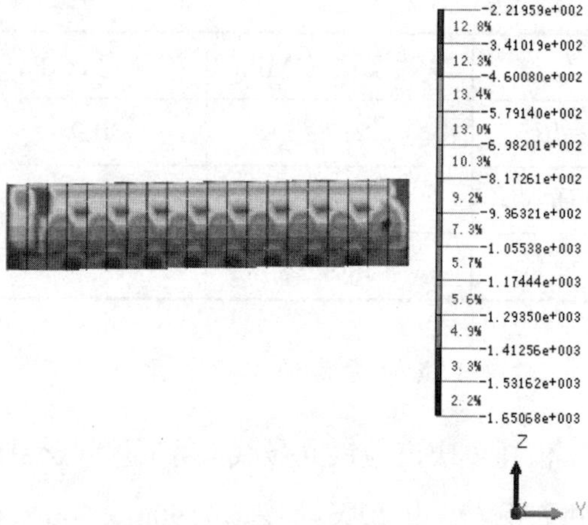

(b) 隧道坡度为20‰

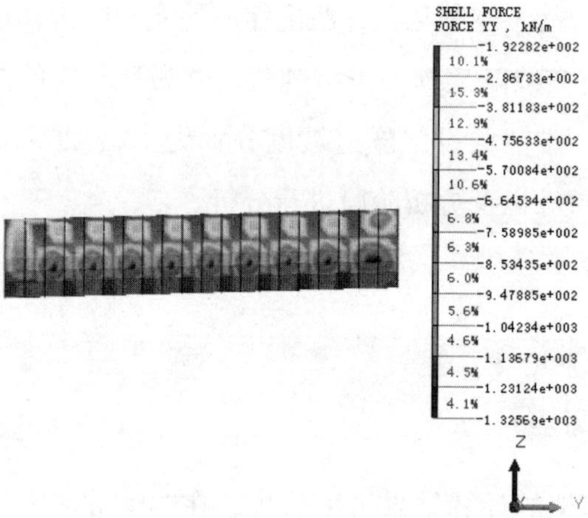

(c) 隧道坡度为30‰

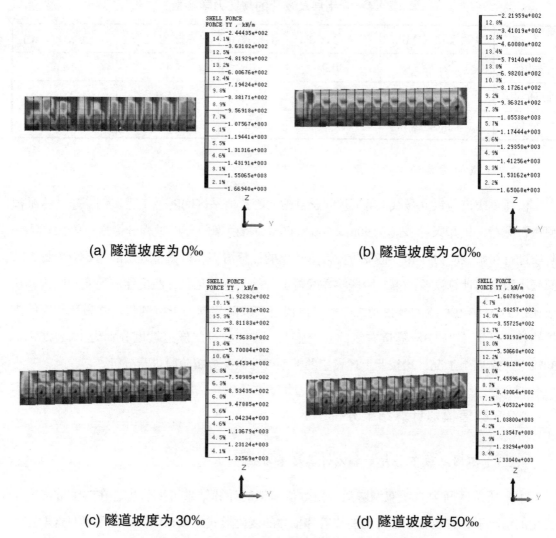

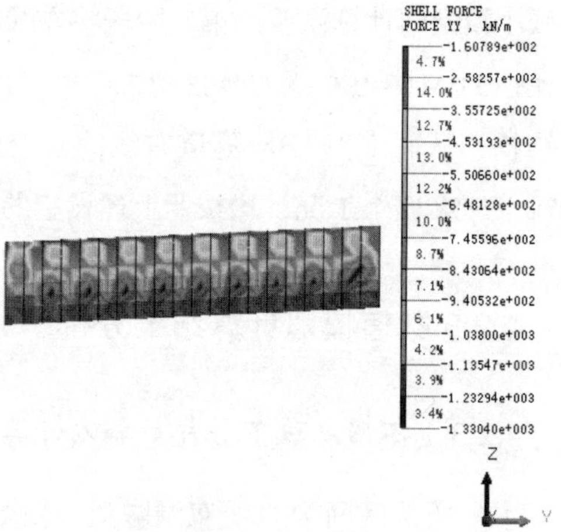

(d) 隧道坡度为50‰

图4.21　不同纵坡隧道左线管片轴力分布图

造成这种差异性的原因主要是随着隧道坡度的增加，管片结构上部的岩土体自重和其自身重力沿隧道轴线方向产生的分力逐渐增大，垂直于隧道轴线方向产生的分力越来越小，即作用于管片上与掘进方向相反的力在逐渐增加，使管片发生竖向位移的力在逐渐减小。坡度越大，管片受到的与掘进方向相反的拉力越大，作用于管片使其产生形变的压力越小，即表现为管片的轴向压力随着隧道坡度的增加而减小。

4.2.3.2 不同纵坡下管片的剪力计算结果与分析

根据图4.22(a)计算结果可知，当隧道为平坡时，管片的剪力表现在第一环管片上时，在管片的拱顶、拱底以及两腰位置剪力均为0，并关于隧道中心线对称分布，但变化趋势相反。如果仅考虑剪力数值，其变化趋势为从管片拱顶剪力为0的位置顺时针方向变负并减小，在45°位置达到最小值后开始增大，到右侧拱腰处剪力又变成0，然后剪力从右侧拱腰处沿顺时针方向变大，到135°位置剪力达到最大值后开始减小，直到管片的拱底处剪力又为0。

(a) 隧道坡度为0‰

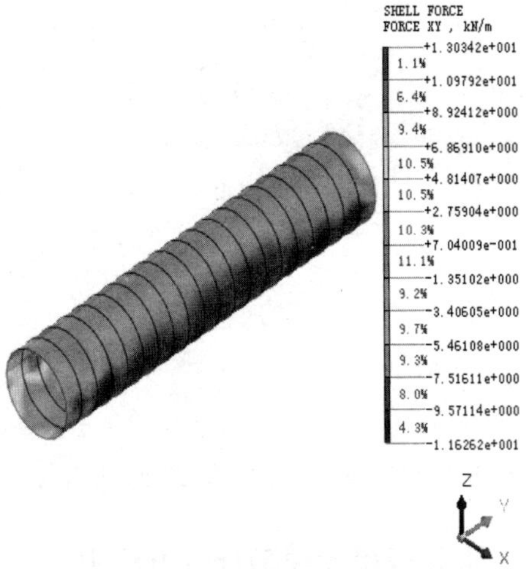

(b) 隧道坡度为20‰

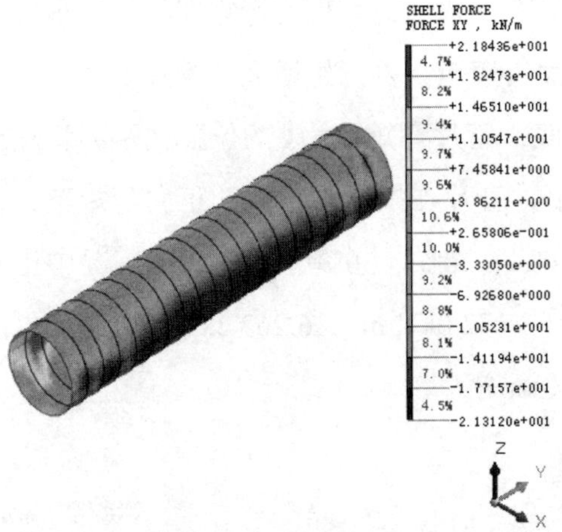

(c) 隧道坡度为30‰

(d) 隧道坡度为50‰

图4.22　不同纵坡隧道左线管片剪力分布图

根据图4.22(b)、(c)、(d)可以看出，当隧道存在坡度时，管片拱顶与拱底处剪力为0，与平坡隧道管片拱顶与拱底位置剪力相比不发生变化，但纵坡隧道管片的剪力逐渐向管片两侧的位置发展，最终集中在管片左右拱腰近似均匀对称分布，且管片两侧分布区域的剪力变化趋势刚好相反。由图4.23可以看出，随着隧道坡度的增大，管片的最大剪力不断增大，最小剪力不断减小。

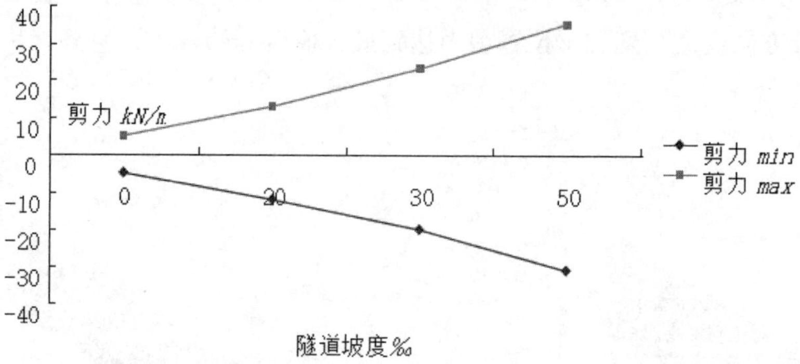

图4.23　不同纵坡下左线管片剪力最值变化曲线图

4.2.3.3 不同纵坡下管片的弯矩计算结果与分析

有限元板单元模型计算方法中，规定管片向Z轴正方向弯曲为正（Z轴正方向板受压为正）。由图4.24可以看出，管片的弯矩变化具有一致性，表现为弯矩在管片拱顶处为正弯矩，然后不断减小到管片左右拱腰处变为较大负弯矩，再开始增大到管片拱底处变为较大的正弯矩，且弯矩最大正值均出现在管片拱底，管片弯矩值为0的位置在距离管片拱顶45°位置附近与135°位置附近，即在同一坡度下，管片在拱顶与拱底的正向弯矩较大，在管片左右拱腰处的负向弯矩较大。坡度分别是0‰、20‰、30‰、50‰四个工况中正弯矩最大值，依次为33.821 2kN·m、34.190 6kN·m、36.172 0kN·m、36.262 2kN·m，由此可以看出随着隧道坡度的增大，管片的最大正弯矩会逐渐增大。

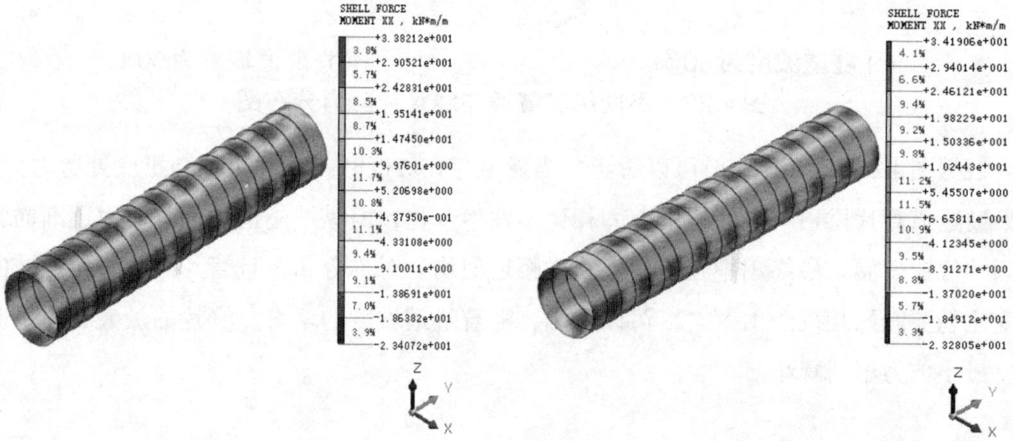

(a) 隧道坡度为0‰　　(b) 隧道坡度为20‰

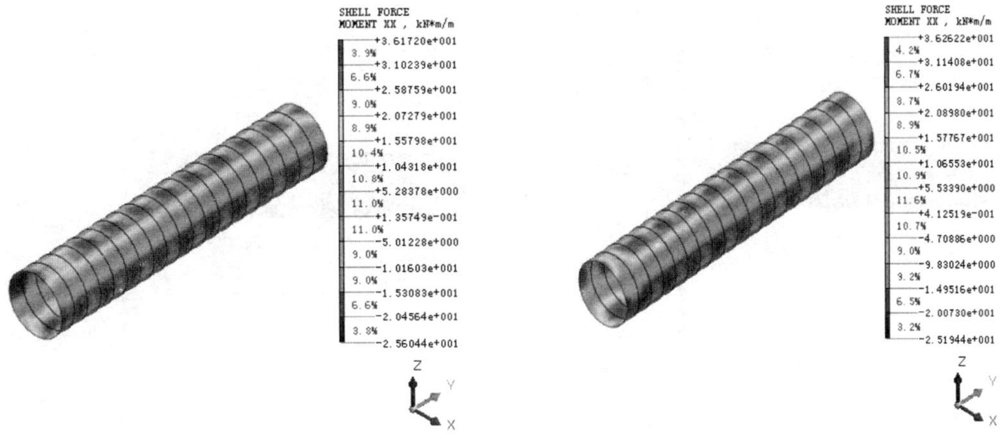

(c) 隧道坡度为 30‰　　　　(d) 隧道坡度为 50‰

图 4.24　不同纵坡隧道左线管片弯矩分布图

4.2.3.4 大坡度 TBM 隧道施工引起的管片变形分析

左线隧道开挖引起的管片变形分析：

由图4.25计算结果可知，大坡度TBM隧道施工时，管片的竖向变形主要出现在拱顶与拱底，其表现为管片拱顶出现向下的沉降，拱底出现向上的隆起，其中发生最大竖向沉降的位置均位于第一环管片拱顶，且竖向沉降的最大值呈现出随隧道坡度的增大而增大的趋势。

根据计算结果可知，管片的水平变形形式基本不受坡度变化的影响，故选取隧道坡度为50‰的管片水平变形位移云图表示，如图4.26所示。由该图可以看出，管片产生的水平变形主要出现在管片的左、右拱腰附近，且管片左、右拱腰处的水平向位移值符号相反，这表明管片会在水平方向上均发生向管片外侧的偏移，而且管片的水平位移峰值整体呈现出随着坡度的增大而逐渐减小的变化趋势。

在相同坡度值情况下，如图4.27所示，随着隧道的开挖，管片的拱顶竖向位移值逐渐减小，因为该隧道属于迎坡开挖，其最先开挖处的拱顶埋深相较于隧道其他地方深。随着隧道坡度的不断增加，隧道拱顶至地面的距离逐渐变小，管片上部受到的土压力也在逐渐减小，即管片外部压力减小，致使管片产生的径向位移在逐渐减小，表现为在相同坡度下管片拱顶产生的竖向变形随开挖的进行逐渐减小，而在不同坡度的相同位置，管片拱顶产生的竖向变形均随着隧道坡度的增大而减小。

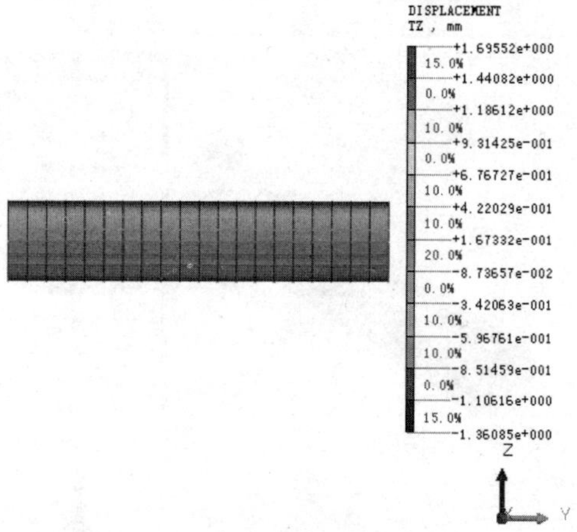

(a) 隧道坡度为0‰

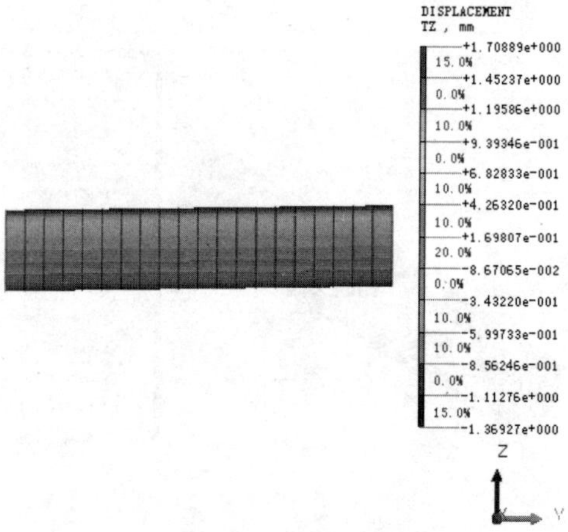

(b) 隧道坡度为20‰

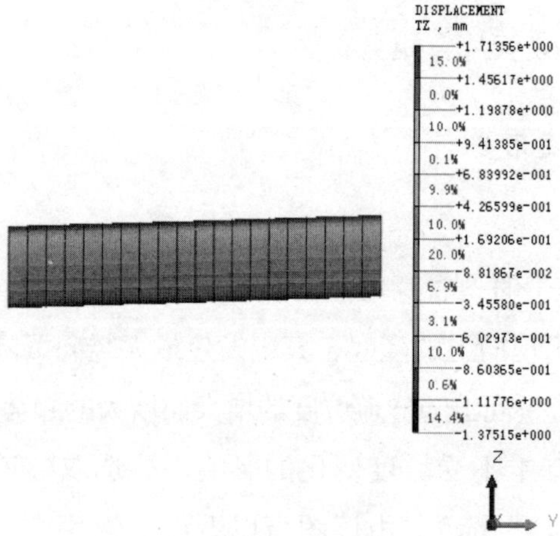

(c) 隧道坡度为30‰

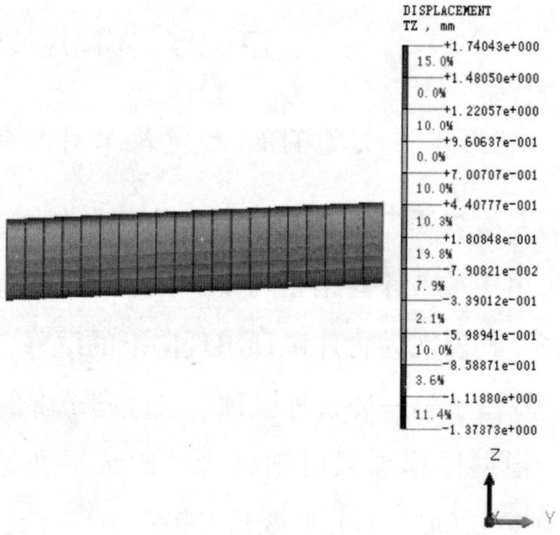

(d) 隧道坡度为50‰

图4.25　不同纵坡下左线管片竖向（Z向）位移

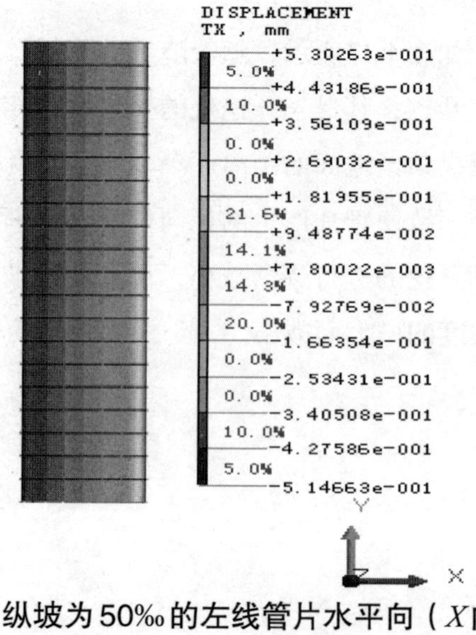

图4.26　纵坡为50‰的左线管片水平向（X向）位移

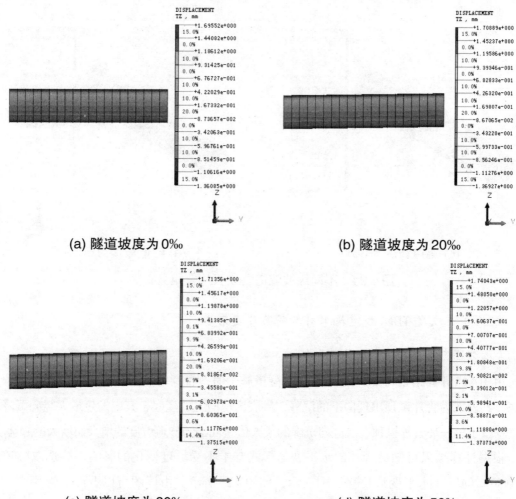

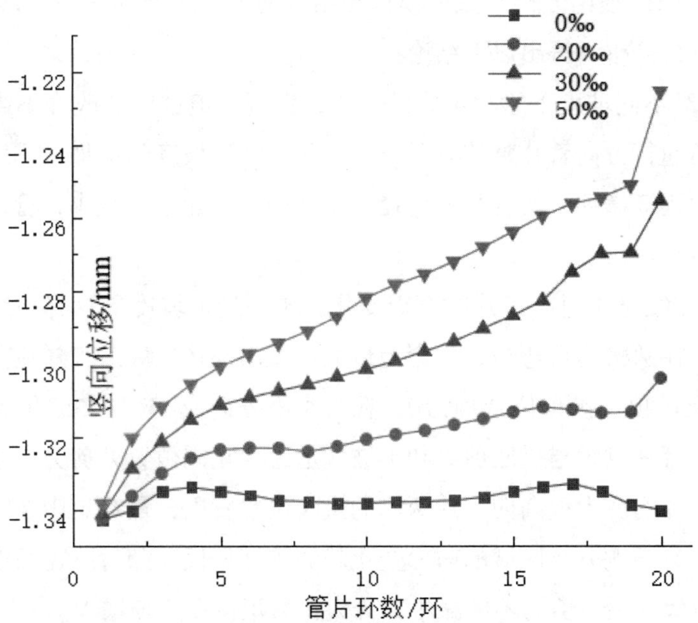

图4.27　左线管片拱顶竖向位移变化曲线图

右线隧道开挖引起的管片变形分析：

结合上文并根据表4.5中数据可知，左线隧道开挖完成后，管片左、右拱腰处的最大水平位移值几乎相等，不同纵坡下的影响区域也大致相同。但当右线隧道施工完成后，由于右线隧道开挖卸荷的影响，左线管片两拱腰处的最大水平位移变化形式发生改变，使左线管片右拱腰的最大水平位移值小于左拱腰，但产生水平位移的区域基本不变，对左线管片的竖向位移值的变化形式影响也不大。

表4.5　不同坡度下左、右线开挖左线管片最大位移值

坡度	左线开挖				右线开挖			
	水平位移（X向）		竖向位移（Z向）		水平位移（X向）		竖向位移（Z向）	
	左拱腰	右拱腰	拱顶	拱底	左拱腰	右拱腰	拱顶	拱底
0‰	0.517 6	0.535 7	1.360 9	1.695 5	0.600 8	0.380 7	1.344 4	1.664 6
20‰	0.517 4	0.531 7	1.369 3	1.708 9	0.599 5	0.377 1	1.351 4	1.676 9
30‰	0.519 0	0.531 0	1.375 1	1.713 6	0.599 4	0.377 5	1.356 1	1.680 7
50‰	0.514 7	0.530 3	1.378 3	1.740 4	0.593 1	0.379 5	1.358 6	1.706 1

4.2.4 本节小结

本节以重庆市地铁九号线1期工程刘家台站—鲤鱼池站区间上坡段TBM隧道施工工

程为项目依托，采用理论分析与数值模拟相结合的方法对不同纵坡TBM隧道施工时的管片受力与变形进行分析，得出以下结论：

（1）通过对不同坡度下管片轴力的分析，发现隧道坡度的改变不影响管片轴力的分布规律，沿隧道通行方向管片整体承受压力。随着隧道坡度的增加，作用于管片上与隧道轴线相平行的力逐渐增加，使管片发生径向位移的压力在逐渐减小，管片承受的最大轴向压力也在不断减小。

（2）隧道左线施工时，管片的弯矩变化在不同隧道坡度下具有一致性，管片拱顶与拱底为正弯矩，在两腰为负弯矩，且弯矩最大正值出现在拱底。当隧道为平坡时，管片的剪力在两拱腰及拱顶与拱顶位置均为0，在与水平方向成45°与135°位置剪力最大。当隧道存在坡度时，管片拱顶与拱底剪力和平坡隧道管片相同位置处剪力大小相同，但受隧道坡度的影响，管片的剪力逐渐向管片两侧的拱腰位置发展，最终集中在管片左右拱腰近似均匀对称分布，且两侧分布区域的剪力变化趋势刚好相反。随着隧道坡度的增大，管片的最大剪力不断增大，最小剪力不断减小，最大正弯矩也在逐渐增大。

（3）当大坡度TBM隧道仅左线施工时，管片的竖向变形的最大值呈现出随着隧道坡度的增大而增大的趋势，水平变形的峰值整体呈现出随坡度的增大而逐渐减小的趋势。在相同坡度值情况下，迎坡隧道先开挖处管片的竖向位移比后开挖处管片大；右线隧道开挖完成后，由于右线隧道开挖卸荷的影响，左线管片右拱腰的最大水平位移值小于左拱腰。

4.3 注浆压力对大坡度TBM隧道围岩及管片结构的力学影响分析

大坡度隧道因其复杂的施工技术而存在一定的特殊问题，如受其坡度的影响，注浆压力会在大坡度隧道管片结构的拱顶及拱底产生一个法向的分力及一个水平方向的分力，使得大坡度隧道与平坡隧道管片结构及围岩的受力形式出现差异，进而导致管片结构与围岩的变形形式和平坡隧道相比也会呈现出差异性，影响隧道结构的安全性。

大多学者主要针对平坡隧道注浆压力对管片结构、围岩变形及地表沉降的影响规律进行了研究，且现有对于大坡度隧道的研究也只考虑了注浆压力对管片上浮的影响，而注浆压力对大坡度隧道管片结构内力及围岩应力的影响规律研究较少。故在本节中，首先将采用MIDAS GTS NX有限元软件建立三维模型进行分析，以得到大坡度隧道的注浆压力对管片结构内力及围岩轴向应力的影响规律，便于合理控制施工风险。其次以隧道坡度为变量设定多个模拟工况，以得到不同坡度下，大纵坡TBM隧道的围岩轴向应力以及管片结构内力的变化趋势。最后与平坡隧道进行对比，得出两者之间内力及应力的差异规律。

4.3.1 注浆压力对大坡度隧道的力学影响分析

现场施工时往往将注浆压力设计为沿管片结构均匀分布的形式，以减小注浆压力对管片上浮的影响，如图4.28(a)所示，故本书将以注浆压力沿管片均匀分布的形式为基础，分析注浆压力对大坡度隧道管片结构及围岩的力学响应。由图4.28(b)可以看出：由于大坡度隧道的轴线与水平线之间存在一定角度α，故而使得管片结构拱顶线及拱底线上分布的注浆压力F会产生一个切向的分力F1和一个水平方向的分力F2，且三者之间的关系如下式所示：

$$
\begin{aligned}
F_1 &= F \times \cos\alpha \\
F_2 &= F \times \sin\alpha
\end{aligned}
\tag{4-14}
$$

由上述关系式可以看出，对于大坡度隧道而言，其管片结构的受力形式与平坡隧道管片结构径向受力的形式相比呈现出较大的差异性。由图4.28(b)可知，在不考虑岩土体自重应力对管片结构的影响时，与平坡隧道相比，大坡度隧道注浆压力的水平分力使得管片结构拱顶位置出现局部受压的状态、拱底位置出现局部受拉的状态，故极易造成管片结构出现局部压碎或环间接触不密实的现象，影响施工质量。由上述分析可知，由于隧道坡度的存在，使得管片结构拱顶与拱底位置的受力及变形形式出现差异，进而会影响隧道结构的稳定性，故施工时应注意及时监测。考虑土体的自重作用时，受隧道坡度的影响，土体的重力与水平线之间也存在一定的角度，导致大坡度隧道管片结构的应力状态发生改变，进而使得管片的收敛形式也随之发生变化。例如大坡度隧道注浆压力及重力的竖向分力小于平坡隧道的注浆压力，故大坡度隧道管片结构竖向的收敛变形的幅度相较于平坡隧道而言也小。故下文中将依托数值模拟的计算结果进行分析，以得到复杂应力状态下大坡度隧道管片结构的内力的变化规律。综上所述，受其坡度的影响，大坡度隧道与平坡隧道管片结构的受力形式存在较大的差异性，即注浆压力及土体重力分力的存在是导致两者的管片结构在内力变化及收敛变形方面出现差异的力学因素。

对于平坡隧道而言，注浆作用及土体的自重作用会对周围土体产生沿隧道径向的附加压力，致使周围土体变形。而对于大坡度隧道而言，受其坡度的影响，注浆层与围岩的接触面是有一定角度的倾斜面，故其径向的注浆压力与接触面之间也存在一定的角度。由图4.28(c)可以看出，对于大坡度隧道围岩而言，注浆压力和拱顶及拱底围岩的接触面之间存在角度，故注浆压力会产生一个水平及一个竖向的分力，导致围岩的受力及变形形式发生变化。综上所述，对于大坡度隧道而言，注浆压力的存在使得围岩位于一个复杂的应力状态下，故在下文中将通过数值模拟的方法进行分析研究。

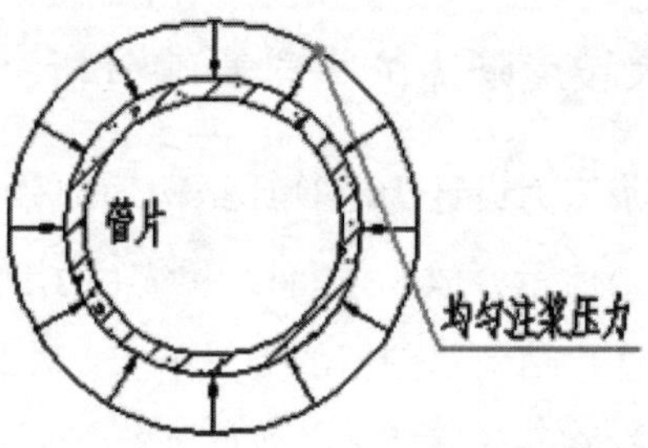

(a) 注浆压力均匀分布图

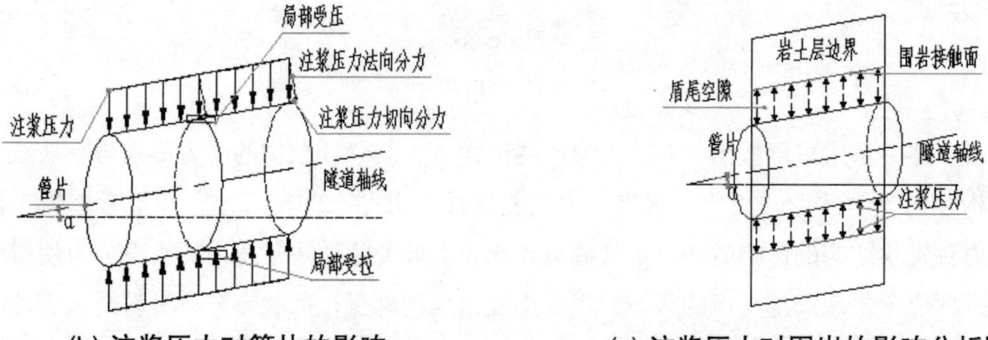

(b) 注浆压力对管片的影响　　(c) 注浆压力对围岩的影响分析图

图4.28　注浆压力对管片及围岩的影响分析图

4.3.2 注浆压力对大纵坡TBM隧道影响的数值模拟

4.3.2.1 大纵坡TBM隧道三维模型的建立

本书将采用MIDAS GTS NX有限元软件，研究注浆压力对大纵坡TBM隧道管片结构内力及围岩应力的影响规律。为便于三维模型的建立以及边界条件的确定，本书设定了以下四条基本假定：

（1）将地层视为半无限空间体；

（2）视围岩为均质的、各向同性的连续介质；

（3）只考虑自重应力场；

（4）假设开挖后形成均匀环形盾尾空隙，浆液完全充填盾尾空隙，且注浆压力均匀分布。

基于上述假定，模型中的Z方向约束施加地层下表面，Y方向约束施加左右表面，X方向约束施加前后表面，地面为自由边界条件。仅考虑土层自重应力的作用，且重力荷载系数取$9.8m/s^2$。大纵坡TBM隧道的三维模型、网格划分及注浆压力分布图如图4.29所示。其中，隧道周围土体采用莫尔-库伦弹塑性模型，管片衬砌及盾尾注浆均采用实体弹性模型。

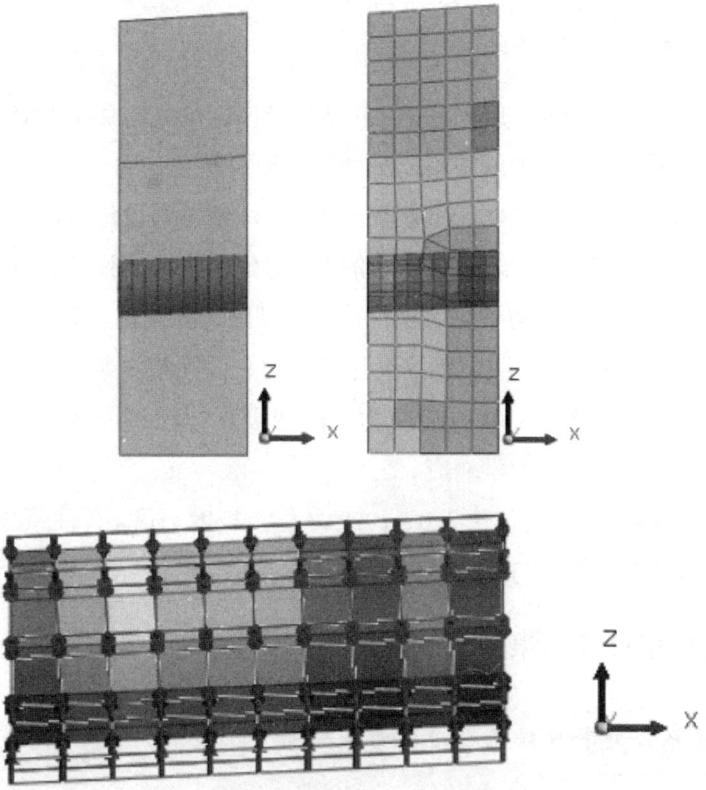

图4.29　大纵坡TBM隧道三维模型、网格划分及注浆压力分布图

4.3.2.2 模拟所需物理力学参数选取

大纵坡TBM隧道所在的地层基本为中风化砂质泥岩，上覆土层为杂填土。因隧道管片采用螺栓连接的形式降低了管片结构的刚度，故管片结构的弹性模量须乘以0.7的折减系数。岩土层、管片及注浆层的主要物理力学参数如表4.6所示。

表4.6　岩土层及支护结构物理力学参数

岩石名称	重度 (kN/m^3)	弹性模量 (MPa)	泊松比	粘聚力 (kPa)	内摩擦角 (°)
素填土	18.6	17	0.35	30.9	24.6
砂质泥岩	27.8	1 905	0.39	1 750	35.9
注浆层 1	20	2	0.3	/	/
注浆层 2	23	400	0.2	/	/
管片	26.0	24 000	0.2	/	/

4.3.2.3 模拟所需的工况界定

为研究注浆压力对大纵坡TBM隧道管片结构及围岩的力学影响规律，本书须设定多个模拟工况进行分析。对本书中所需的工况做以下基本界定：

工况1：隧道坡度为50‰（对应区间最大值），注浆压力设定为0.3MPa，将模型的分析过程分为三个阶段21个施工步序。第一阶段：初始地应力的计算，并将该阶段计算得出的位移清零，以模拟地层的初始应力场，减小模型的计算误差。第二阶段：隧道内岩土体开挖钝化，并激活相应注浆层1、管片及注浆压力，以模拟注浆压力对大纵坡隧道管片结构及围岩的影响。第三阶段：将注浆压力及注浆层1钝化，并激活相应注浆层2，以模拟注浆层硬化后大纵坡隧道的力学响应。

工况2~3：设定隧道的坡度依次为0、100‰（增大坡度一倍），注浆压力均为0.3MPa，施工阶段及物理力学参数等均与工况1一致。

4.3.3 数值模拟计算结果分析

4.3.3.1 注浆压力对管片结构内力的影响分析

（1）注浆压力对大坡度TBM隧道管片内力的影响分析

为便于研究注浆压力对大坡度TBM隧道管片结构内力的影响规律，本节选取模拟中第五、六环管片区域注浆作为基本点进行分析。模拟计算结果分析如下：

1）轴力影响分析

由大纵坡TBM隧道管片结构轴力云图（图4.30）可以看出，对于管片结构拱顶及拱底而言，注浆压力作用下的管片结构轴力要大于浆液硬化后的管片结构轴力，且管片结构的轴力最大值均出现在第五、六环管片的环间，故施工时应注意监测。注浆压力作用在第五、六环管片时，第三、四、五环管片拱顶及拱底的轴力出现线性递增的现象，而浆液硬化后，第三环管片拱顶及拱底的轴力递增的幅度减小，且第四、五环管片拱顶及拱底的轴力趋于一个稳定值，也就是说注浆压力的存在会对注浆区域前两环的管片结构产生较大的影响。由于注浆压力作用下管片结构拱顶及拱底的轴力均大于浆液硬化后管片结构轴力，说明注浆压力为0.3MPa时，注浆压力对大坡度隧道管片结构轴力的影响较大，且拱底管片结构轴力变化更为明显。

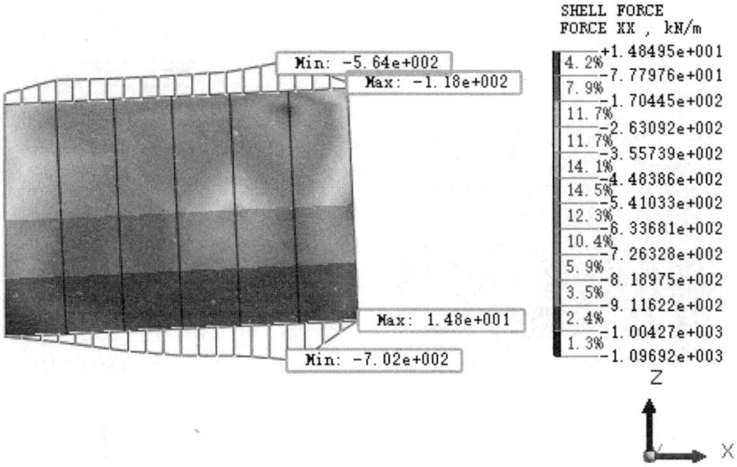

(a) 浆液硬化前

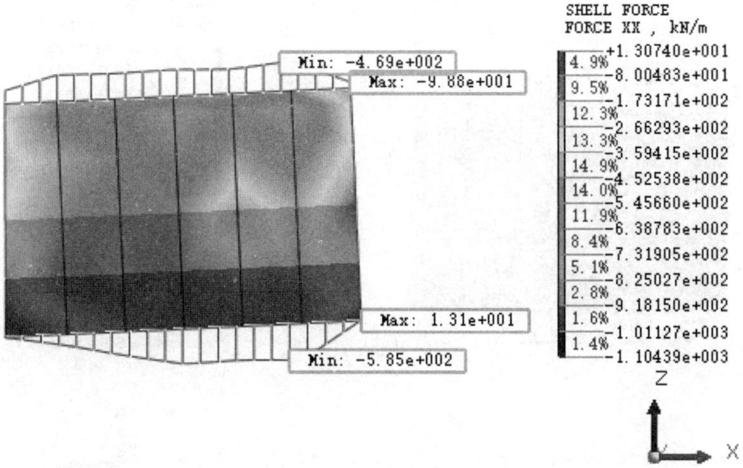

(b) 浆液硬化后

图4.30　大纵坡TBM隧道管片结构轴力云图

2）弯矩影响分析

由大纵坡TBM隧道管片结构弯矩云图（图4.31）可以看出，对于管片结构拱顶及拱底而言，浆液硬化前后管片结构弯矩的峰值及变化趋势近似一致，管片结构拱顶及拱底弯矩均为正值，且拱顶弯矩的最大值均出现在第一、二环管片环间，拱底弯矩的最大值均出现在第四、五环管片环间。浆液硬化前后均在两腰出现负弯矩，且均在第二、三环管片之间出现峰值。浆液硬化后管片结构弯矩峰值稍有增加，但注浆压力作用下管片结构弯矩的影响范围相较于浆液硬化后的影响范围大。综上所述，对于大坡度隧道而言，浆液硬化前后管片结构弯矩的变化形式近似一致，但管片结构弯矩的峰值及影响范围在浆液硬化前后稍有差异。

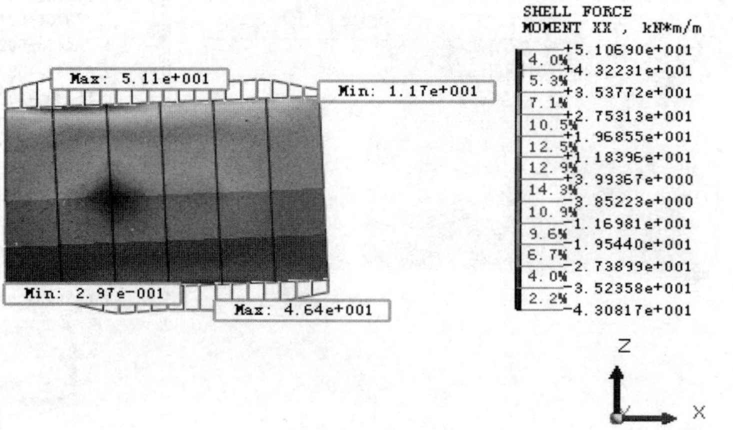

(a) 浆液硬化前

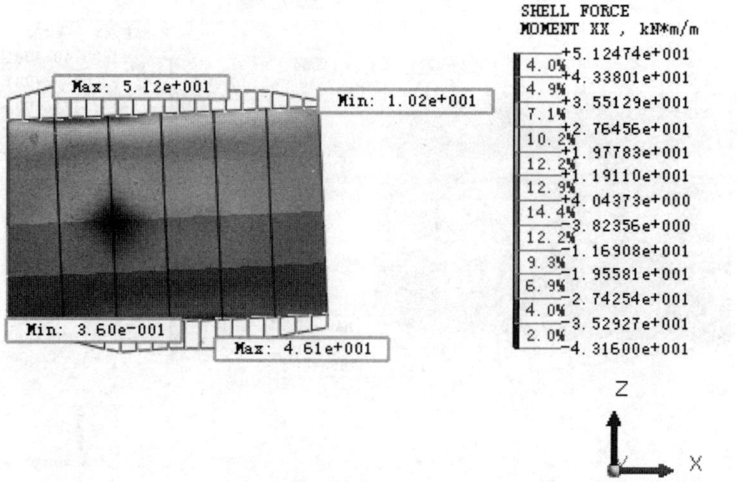

(b) 浆液硬化后

图4.31　大纵坡TBM隧道管片结构弯矩云图

3）剪力影响分析

由大纵坡TBM隧道管片结构剪力云图（图4.32）可以看出，对于管片结构拱顶及拱底而言，浆液硬化前后，管片结构剪力的变化趋势近似一致，且拱底剪力峰值均出现在管片始发环位置，但注浆压力作用下拱顶剪力峰值出现在第三、四环管片环间，而浆液硬化后剪力峰值出现在管片始发位置。在管片拱肩处出现剪力峰值，且峰值均出现在第二、三环管片环间。综上所述，注浆压力对大坡度隧道管片结构剪力的影响较小。

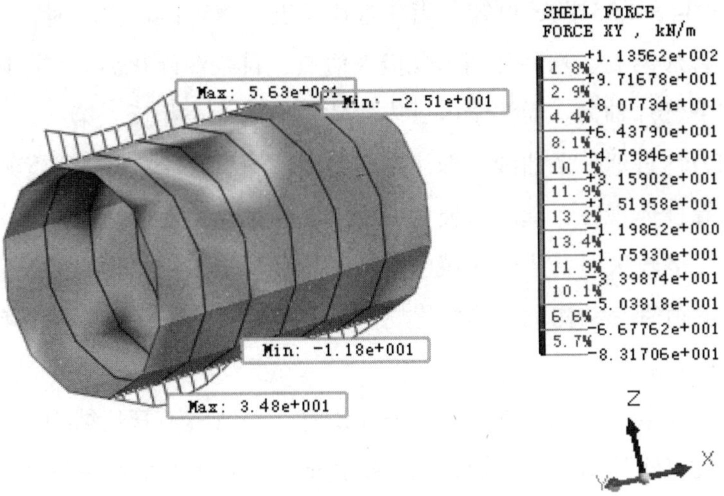

(a) 浆液硬化前

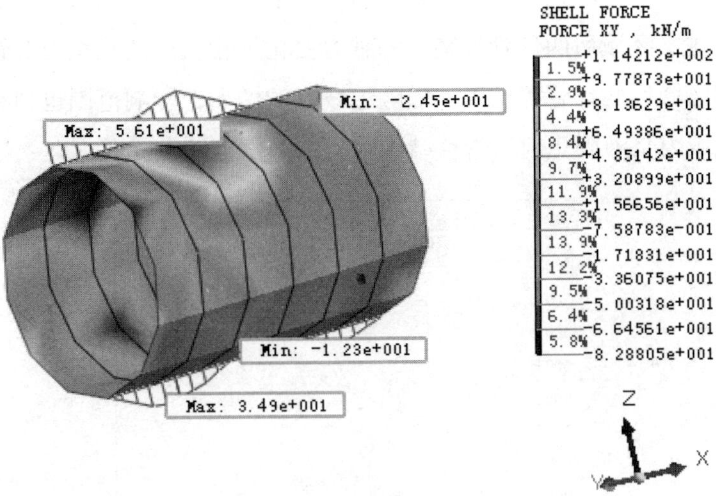

(b) 浆液硬化后

图4.32　大纵坡TBM隧道管片结构剪力云图

（2）注浆压力对不同坡度隧道管片结构内力的对比分析

1）轴力影响对比分析

注浆压力对不同坡度下管片结构轴力的影响既有一致性，也呈现出差异性。由图4.33、4.34、4.35中(a)可知，当在管片第一、二环区域注浆时，一致性体现在注浆压力作用下不同坡度管片结构拱顶及拱底的轴力均大于浆液硬化后管片结构的轴力。差异性体现在注浆压力作用下，平坡隧道管片结构拱底轴力大于拱顶轴力，而大坡度隧道管片结构拱顶轴力大于拱底轴力。平坡隧道管片结构轴力随隧道的推进一直增加，而坡度为50‰隧道管片结构的轴力随隧道的推进先增加后减小，即在管片环间位置出现极大值点。在浆液硬化前后，平坡隧道管片结构拱底轴力差值较大，而大坡度隧道拱顶轴力差值较大。

由图4.33、4.34、4.35中(c)可知，当在管片第五、六环区域注浆时，一致性体现在浆液硬化前后均在管片第五、六环环间出现极大值点，且浆液硬化后第三、四环管片轴力大于注浆压力作用下管片轴力。而注浆区域内管片轴力的大小相反，第一、二环管片结构浆液硬化前后的轴力均近似一条曲线，即注浆压力对隧道管片结构轴力的影响范围约为两环管片的长度。差异性体现在：随隧道坡度的增大，注浆压力对管片结构内力的影响范围稍有增加，且隧道坡度较大时，影响区域内浆液硬化前后管片结构轴力的差值也较大。在其余位置注浆时，隧道管片结构轴力的变化规律与上述分析基本一致，如图4.33、4.34、4.35中(b)、(d)所示。

综上所述，当在第一、二环管片区域内注浆时，平坡隧道管片结构拱底轴力大于拱顶轴力，而大坡度隧道管片结构拱顶轴力大于拱底轴力，且大坡度隧道管片结构轴力在环间出现极大值点，而平坡隧道的轴力则一直增加。注浆压力的存在会使得管片结构轴力在环间位置出现极大值点，且注浆区域内注浆压力作用下管片结构的轴力大于浆液硬化后管片结构的轴力，而注浆区域后两环管片结构的轴力变化则相反。注浆压力对管片结构的影响范围大致为注浆区域后两环管片长度，随隧道坡度的增大，影响范围也稍有增加，且坡度较大时，影响区域内浆液硬化前后管片结构轴力的差值也较大。

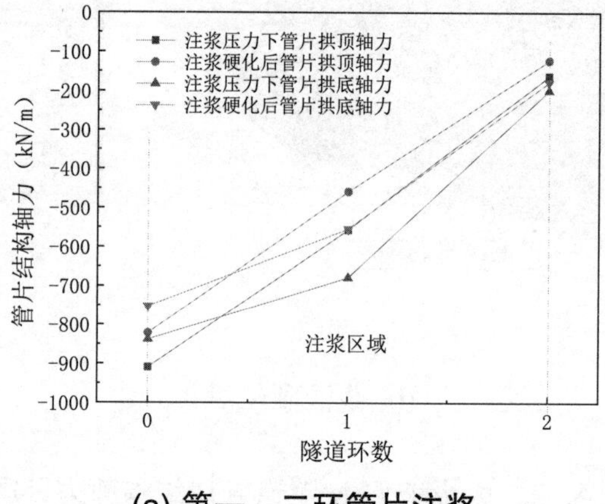

(a) 第一、二环管片注浆

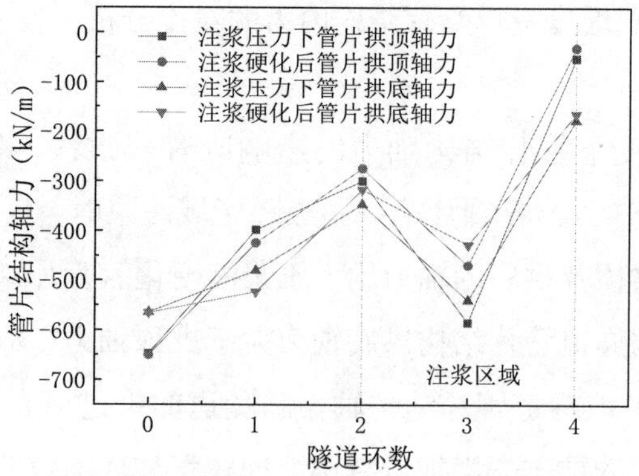

(b) 第三、四环管片注浆

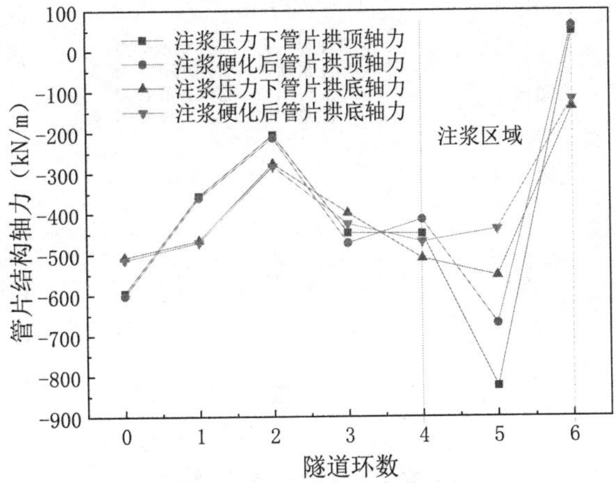

(c) 第五、六环管片注浆

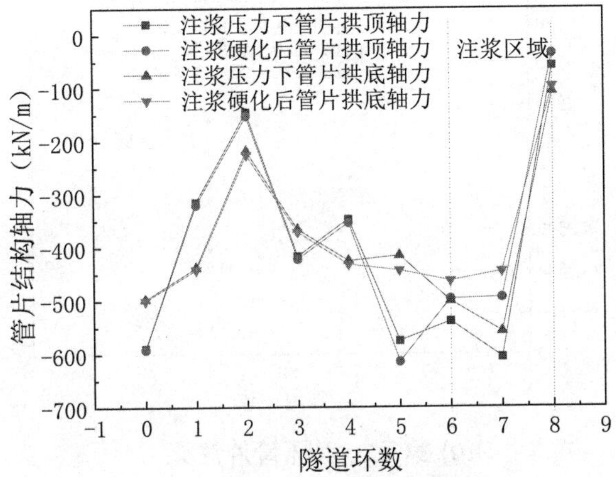

(d) 第七、八环管片注浆

图4.33　平坡隧道不同注浆位置引起管片结构轴力变化趋势图

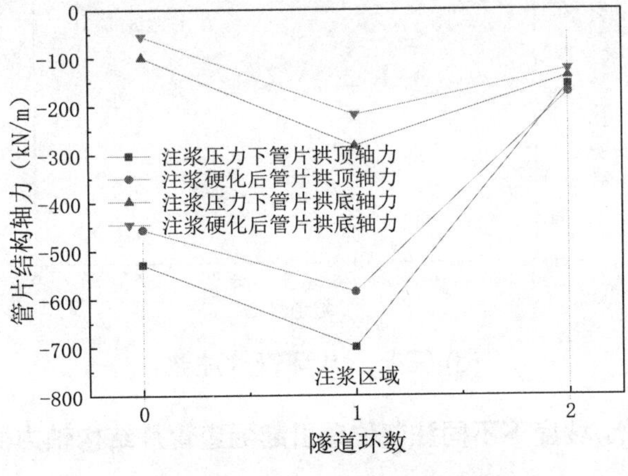

(a) 第一、二环管片注浆

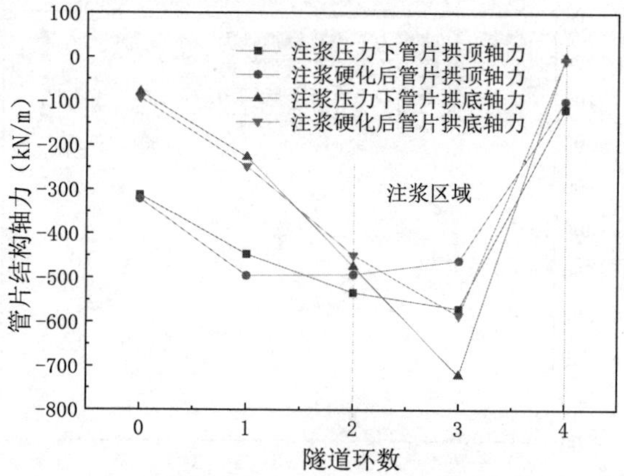

(b) 第三、四环管片注浆

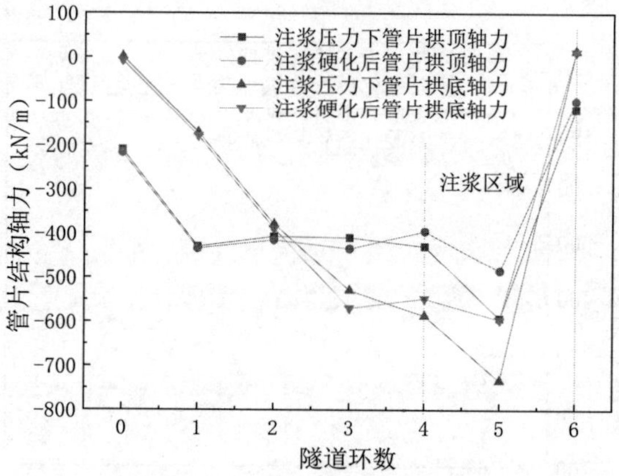

(c) 第五、六环管片注浆

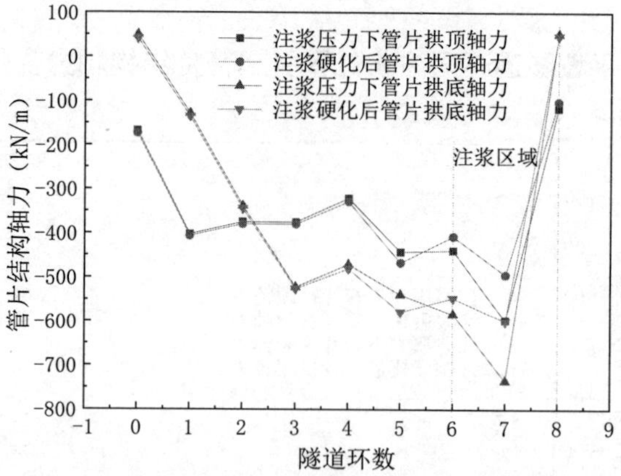

(d) 第七、八环管片注浆

图4.34　50‰坡度下不同注浆位置引起隧道管片结构轴力变化趋势图

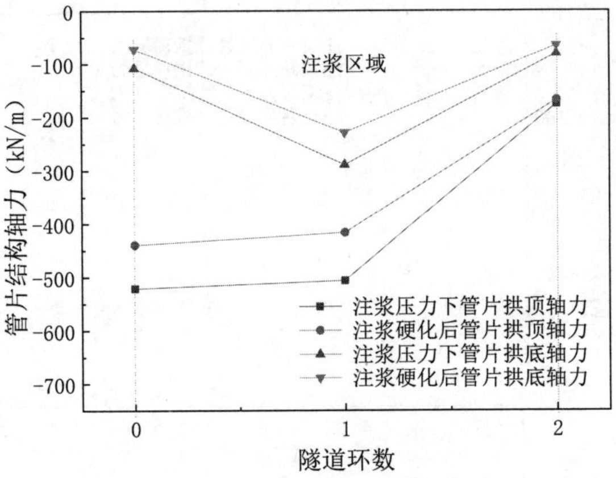

(a) 第一、二环管片注浆

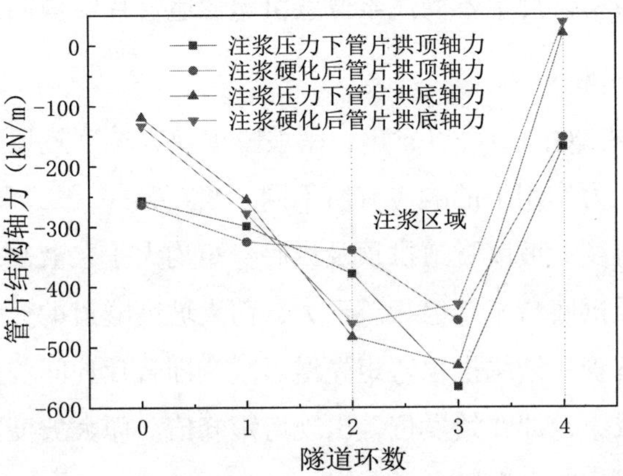

(b) 第三、四环管片注浆

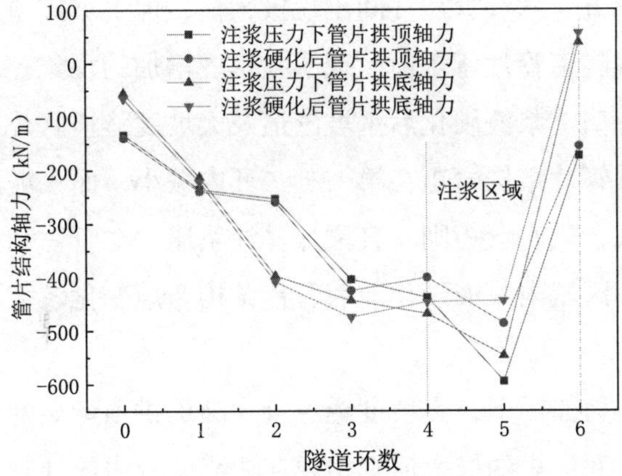

(c) 第五、六环管片注浆

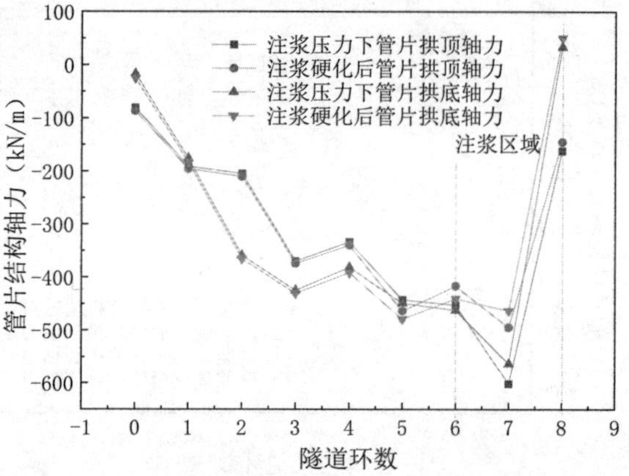

(d) 第七、八环管片注浆

图4.35　100‰坡度下不同注浆位置引起隧道管片结构轴力变化趋势图

2）弯矩影响对比分析

由图4.36、4.37、4.38中(a)可以看出，平坡隧道及大坡度隧道在同一位置注浆时，管片结构弯矩针对注浆压力作用下的响应有所不同。当在第一、二环管片区域注浆时，注浆压力作用下，平坡隧道及大坡度隧道拱顶及拱底弯矩均大于浆液硬化后的管片弯矩。但平坡隧道管片结构拱顶及拱底弯矩峰值相差不大，而大坡度隧道的弯矩峰值差值较大。平坡隧道除注浆压力作用下管片结构拱顶弯矩先增后减，即管片环间位置出现峰值。其余条件下，管片结构弯矩均减小，即在始发位置出现弯矩峰值。而大坡度隧道管片结构的弯矩值先增后减，在管片环间位置出现极大值。

由图4.36、4.37、4.38中(b)可以看出，注浆压力作用下，平坡隧道及大坡度隧道管片结构拱顶的弯矩均在第五、六环管片环间出现极大值，但平坡隧道第五环管片的拱顶弯矩值变化较小，而大坡度隧道管片弯矩值出现了大幅度增加的现象。而拱顶弯矩均在第四、五环管片环间出现极大值。浆液硬化后平坡隧道及大坡度隧道管片结构弯矩均一直减小，对于平坡隧道而言，其管片结构弯矩在第一、二环内减小，而大坡度隧道管片结构拱顶弯矩在前两环内先增再减，拱底弯矩则一直增加。注浆压力对管片结构弯矩的影响范围约为两环管片长度，且注浆区域内浆液硬化前后管片结构弯矩变化较大，影响区域内弯矩变化幅度较小。

综上所述，注浆压力作用下，大坡度隧道管片结构拱顶弯矩的极大值出现在注浆区域内管片环间的位置，拱底弯矩的极大值则出现在注浆区域边界处管片环间的位置。注浆压力对管片结构弯矩的影响范围约为两环管片的长度，且注浆区域内注浆压力对管片结构的影响更为明显。

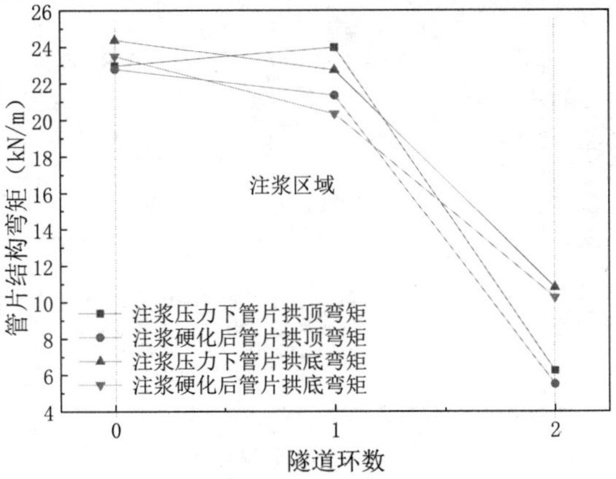

(a) 第一、二环管片注浆

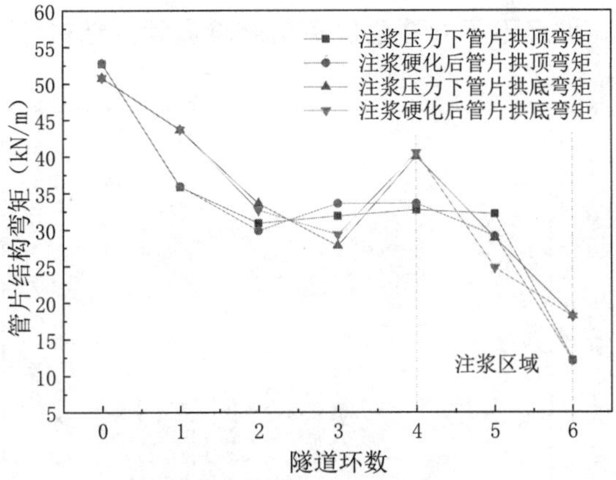

(b) 第五、六环管片注浆

图 4.36　平坡隧道不同注浆位置引起管片结构弯矩变化趋势图

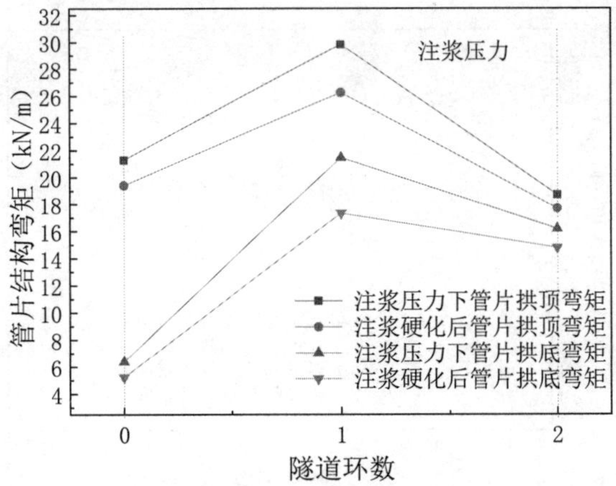

(a) 第一、二环管片注浆

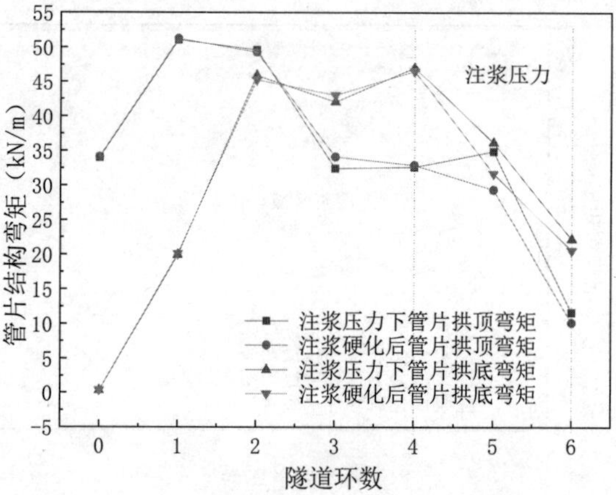

(b) 第五、六环管片注浆

图4.37　50‰坡度下不同注浆位置引起隧道管片结构弯矩变化趋势图

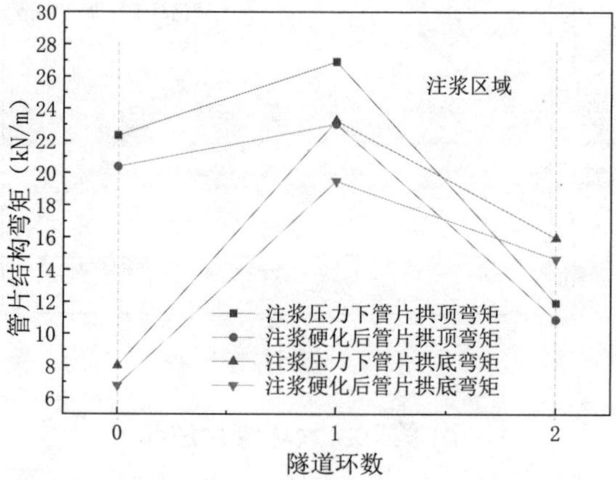

(a) 第一、二环管片注浆

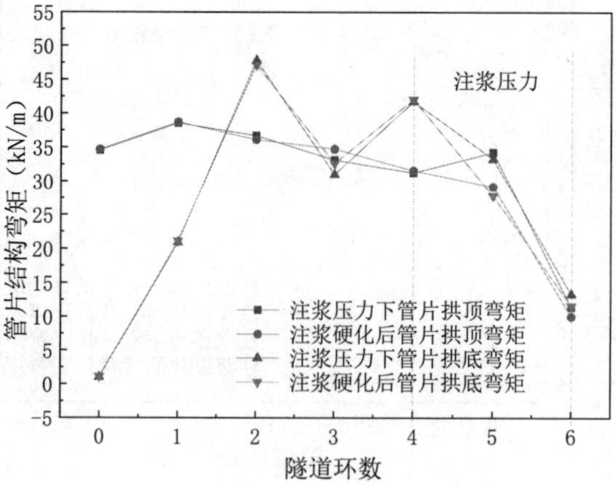

(b) 第五、六环管片注浆

图4.38　100‰坡度下不同注浆位置引起隧道管片结构弯矩变化趋势图

3）剪力影响对比分析

由图4.39、4.40、4.41可以看出，对于平坡隧道而言，浆液硬化前后管片结构剪力变化近似一条曲线，也就是说，平坡隧道管片结构剪力对注浆压力影响的响应不敏感。而对于大坡度隧道而言，注浆压力对隧道管片结构剪力的影响区域约为一个管片宽度，且浆液硬化前后注浆区域及其影响区域管片结构剪力均有所变化。在注浆压力作用下，平坡隧道管片结构剪力的范围值为 $-60\sim25\text{kN/m}^2$；而隧道坡度为50‰时，管片结构剪力的范围值为 $-30\sim60\text{kN/m}^2$；隧道坡度为100‰时，管片结构剪力的范围值为 $-100\sim100\text{kN/m}^2$。由上述数据可知，随隧道坡度的增加，管片结构的正剪力值也增加。

综上所述，注浆压力对平坡隧道管片结构的影响较小，对大坡度隧道管片结构剪力的影响范围约为一个管片长度，相较于管片结构轴力及弯矩的影响范围，管片结构剪力对注浆压力的影响不敏感，且随隧道坡度的增大，管片结构拱顶及拱底的正剪力值也有所增加。

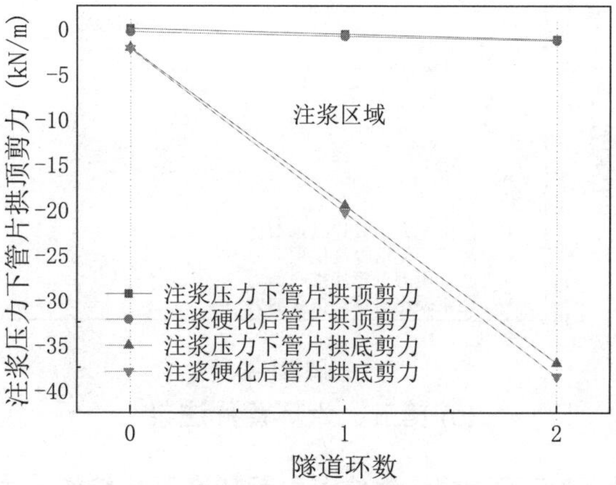

(a) 第一、二环管片注浆

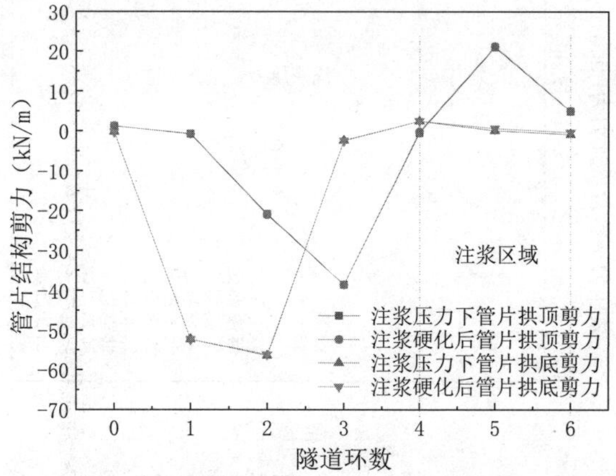

(b) 第五、六环管片注浆

图4.39 平坡隧道不同注浆位置引起管片结构剪力变化趋势

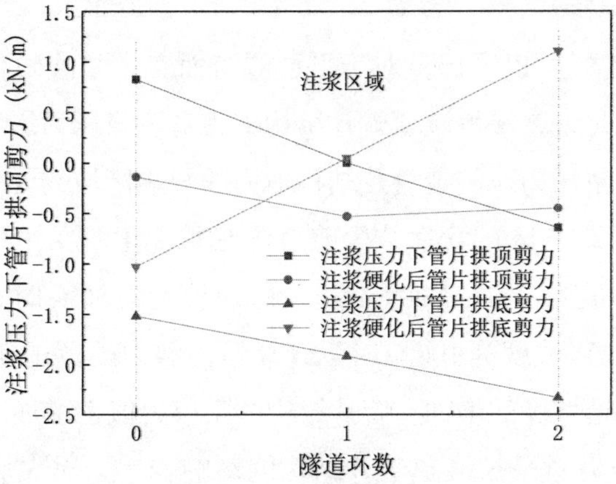

(a) 第一、二环管片注浆

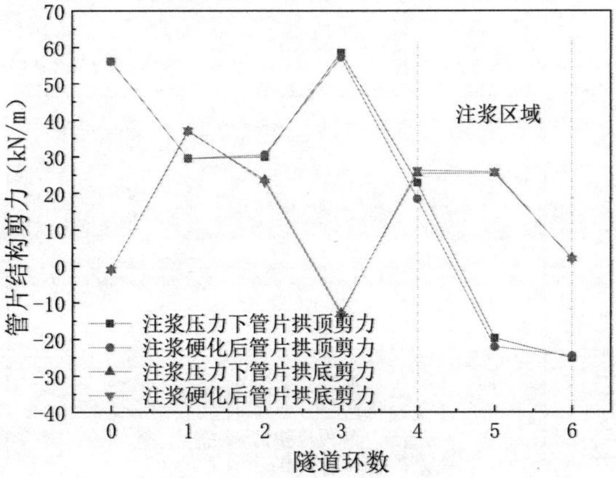

(b) 第五、六环管片注浆

图4.40　50‰坡度下不同注浆位置引起隧道管片结构剪力变化趋势图

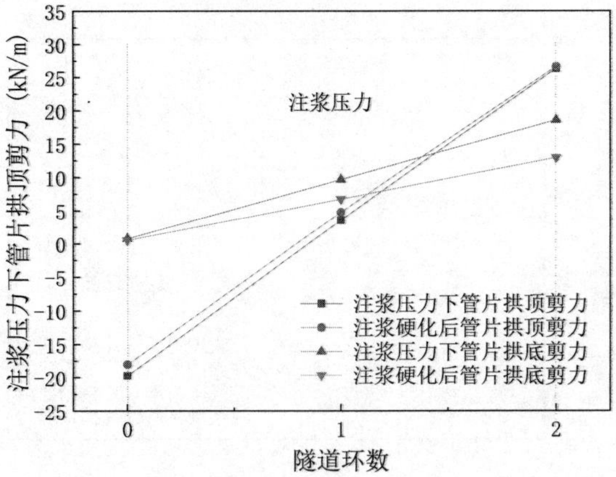

(a) 第一、二环管片注浆

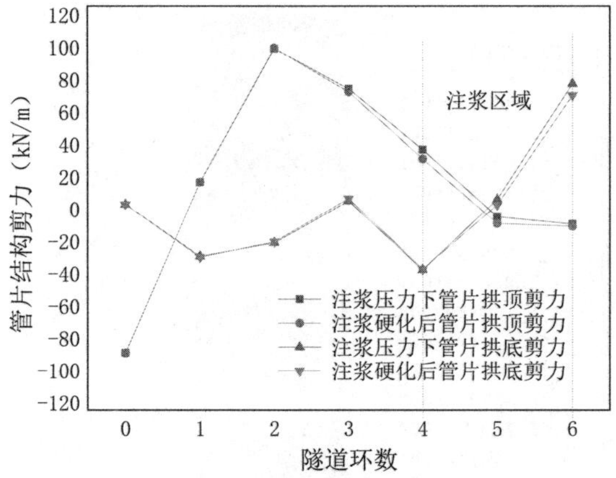

(b) 第五、六环管片注浆

图4.41　100‰坡度下不同注浆位置引起隧道管片结构剪力变化趋势图

4.3.3.2 注浆压力对围岩轴向应力的影响分析

（1）注浆压力对大坡度隧道轴向应力的影响分析

由图4.42可以看出，浆液硬化前后，隧道拱顶及拱底处围岩轴向应力的峰值均出现在距开挖面拱底约1.5m处。浆液硬化后，隧道拱顶及拱底处围岩轴向应力值均有所增加。说明注浆压力作用下，围岩的轴向应力较小，即注浆压力的存在可使浆液硬化前围岩的轴向应力减小。在隧道上方岩土分界面处，土中轴向应力出现应力集中的现象，故在此处围岩会出现轴线方向变形增加的现象。

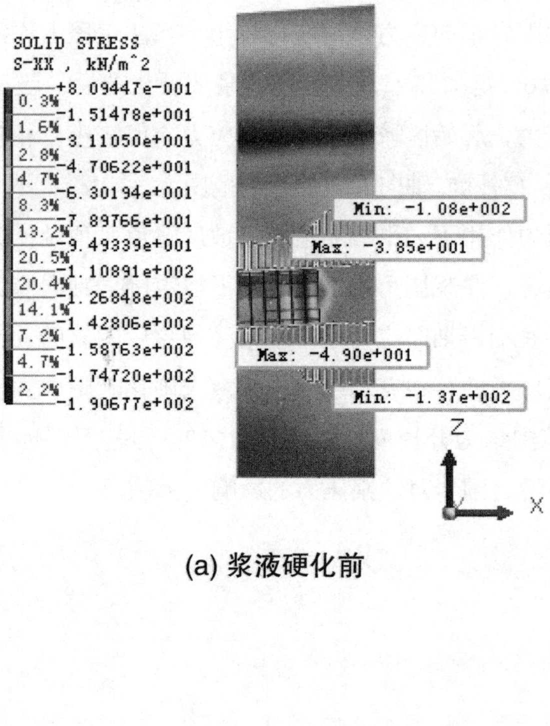

(a) 浆液硬化前

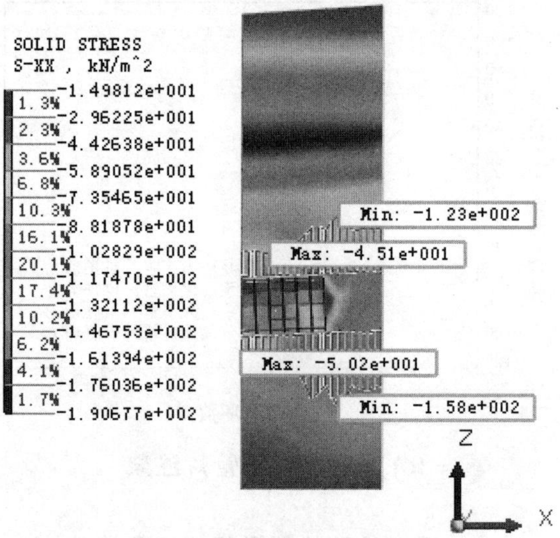

(b) 浆液硬化后

图4.42　浆液硬化前后围岩轴向应力云图

（2）注浆压力对不同坡度隧道轴向应力的影响对比分析

由图4.43、4.44、4.45不同注浆位置引起不同坡度隧道围岩轴向应力变化趋势图可知：当在管片第一、二环区域或第五、六环区域注浆时，注浆压力作用下隧道拱顶及拱底围岩轴向应力均小于浆液硬化后围岩的轴向应力，拱底围岩轴向应力均大于拱顶围岩轴向应力，且随隧道坡度的增大，两者间的差值也增大。当注浆压力作用在第一、二环管片区域时，注浆区域及其前6m范围内浆液硬化前后，隧道拱顶及拱底围岩轴向应力差值变化幅度较大，超过该区域的围岩轴向应力差值变化较小。当注浆压力作用在管片第五、六环区域时，注浆区域及其后6m范围和未开挖区域内浆液硬化前后，隧道拱顶及拱底围岩轴向应力差值的变化幅度较大，起始区域围岩的轴向应力差值较小，相较于注浆压力对管片内力的影响区域，注浆压力对围岩轴向应力的影响范围大。

综上所述，注浆压力作用下，平坡隧道及大坡度隧道拱顶及拱底围岩轴向应力的变化趋势近似一致。也就是说，注浆压力对不同坡度下隧道围岩轴向应力的影响不敏感。在注浆压力作用下拱顶及拱底围岩轴向应力均小于浆液硬化后围岩的轴向应力，且拱底围岩应力相对较大，说明注浆压力的存在有利于减小浆液未硬化时围岩的轴向应力。注浆压力对围岩轴向应力的影响范围约为开挖面前后6m，共12m的范围，远大于注浆压力对管片内力的影响范围，也就是说，围岩对注浆压力的影响更为敏感。

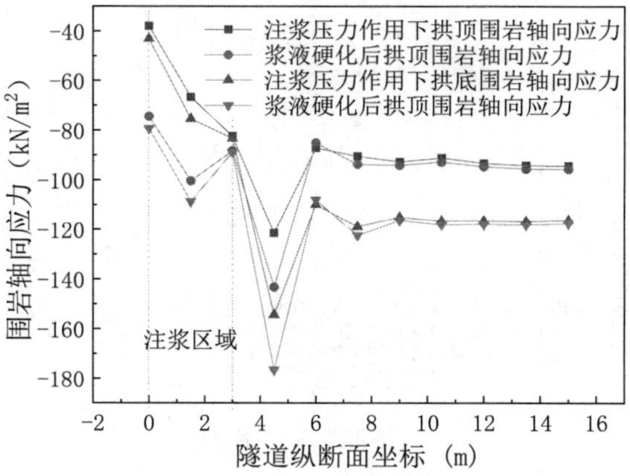

(a) 第一、二环管片注浆

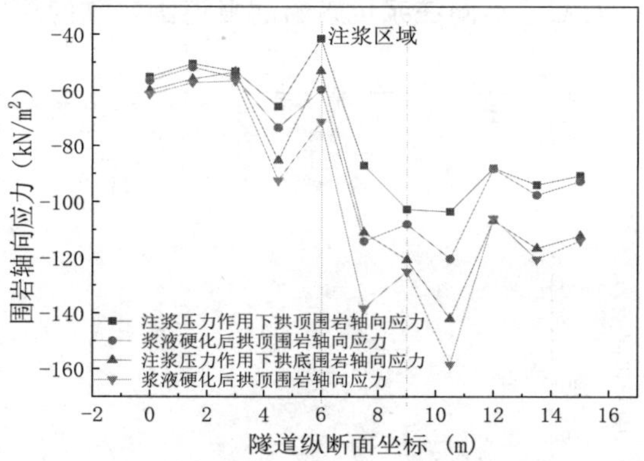

(b) 第五、六环管片注浆

图4.43　平坡隧道不同注浆位置引起围岩轴向应力变化趋势图

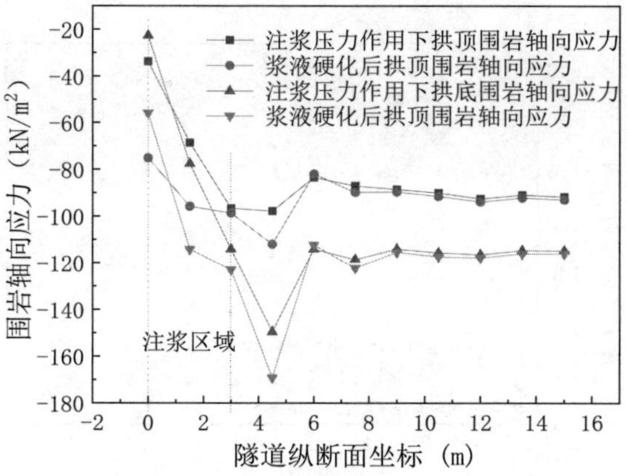

(a) 第一、二环管片注浆

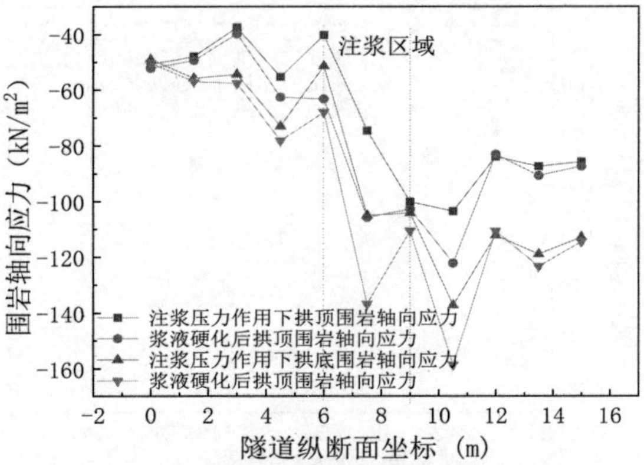

(b) 第五、六环管片注浆

图4.44　50‰坡度下不同注浆位置引起隧道围岩轴向应力变化趋势图

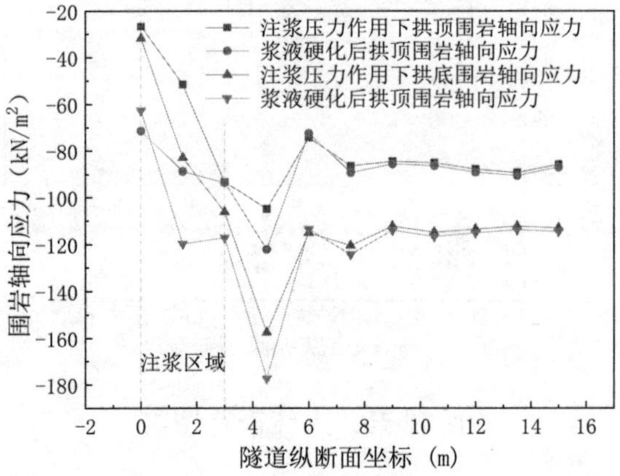

(a) 第一、二环管片注浆

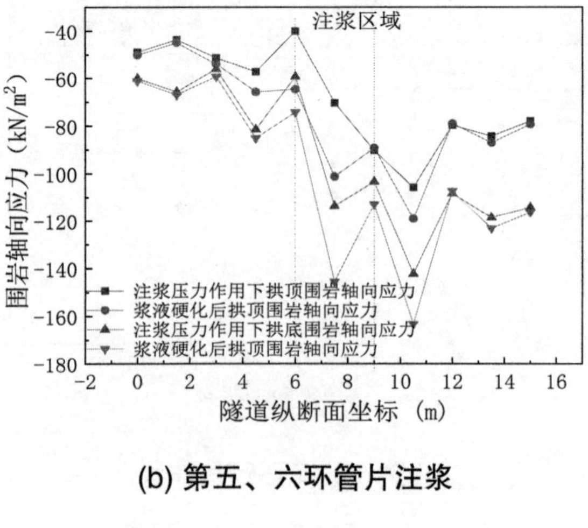

(b) 第五、六环管片注浆

图4.45　100‰坡度下不同注浆位置引起隧道围岩轴向应力变化趋势图

4.3.4 本节小结

本节通过MIDAS GTS NX有限元软件建立三维模型，研究了注浆压力作用下，平坡隧道和不同坡度隧道管片结构内力及围岩轴线应力的变化规律，主要有以下四条结论：

（1）当在第一、二环管片区域内注浆时，平坡隧道管片结构拱底轴力大于拱顶轴力，而大坡度隧道管片结构拱顶轴力大于拱底轴力，且大坡度隧道管片结构轴力出现极大值点，而平坡隧道的轴力则一直增加。注浆压力的存在会使得管片结构轴力在环间位置出现极大值点，且注浆区域内注浆压力作用下管片结构的轴力大于浆液硬化后管片结构的轴力，而注浆区域后两环管片结构的轴力变化则相反。注浆压力对管片结构的影响范围大致为注浆区域后两环管片长度（3m），随隧道坡度的增大，影响范围也稍有增加，且坡度较大时，影响区域内浆液硬化前后管片结构轴力的差值也较大。

（2）不同坡度隧道管片结构弯矩针对注浆压力作用的响应不同，对于平坡隧道而言，其管片结构弯矩在前两环内一直减小，而大坡度隧道管片结构拱顶弯矩在前两环内先增再减，拱底弯矩则一直增加。在注浆压力作用下，管片结构拱顶弯矩极大值出现在注浆区域内管片环间的位置，拱底弯矩极大值则出现在注浆区域边界处管片环间的位置。注浆压力对管片结构弯矩的影响范围约为两环管片的长度（3m），且注浆区域内注浆压力对管片结构的影响更为明显，影响区域内浆液硬化前后管片结构弯矩的差值较小。

（3）对于平坡隧道而言，浆液硬化前后管片结构剪力的变化近似一条曲线，也就是说，平坡隧道管片结构剪力对注浆压力的影响不敏感。而对于大坡度隧道而言，注浆压力对管片结构弯矩的影响范围约为一环管片的长度（1.5m），注浆压力对注浆区域及其影响区域内管片结构剪力均有所影响。相较于注浆压力对管片结构轴力及弯矩的影响性而言，注浆压力对管片结构剪力的影响小。随隧道坡度的增大，管片结构拱顶及拱底的正剪力值也增加。

（4）注浆压力作用下，平坡隧道及大坡度隧道拱顶及拱底围岩轴向应力的变化趋势近似一致。也就是说，注浆压力对不同坡度下隧道围岩轴向应力的影响不敏感。在注浆压力作用下，拱顶及拱底围岩轴向应力均小于浆液硬化后围岩的轴向应力，且拱底围岩应力相对较大，说明注浆压力的存在有利于减小浆液未硬化时围岩的轴向应力。注浆压力对围岩轴向应力的影响范围约为开挖面前后6m，共12m，远大于注浆压力对管片内力的影响范围，也就是说围岩轴向应力对注浆压力影响更为敏感。

研究成果对重庆市地铁九号线大坡度隧道段的施工风险控制及安全施工具有重要的指导价值和现实意义，也可为类似大坡度隧道的实际工程项目提供有益参考。

4.4 TBM 隧道施工超挖现象力学分析

本节着重研究穿越软硬界面的大纵坡隧道TBM施工所诱发的惯性超挖现象对上覆地层的影响，尤其对双线隧道左右超挖量不同时，地表沉降量的非对称叠加、地表沉降槽的峰值偏移等实际问题进行深入探讨。以重庆市地铁九号线刘家台始发井—鲤鱼池站区间内，大纵坡段的复合式TBM隧道施工为背景，针对大坡度的TBM隧道爬坡施工进行数值模拟，重点讨论大纵坡隧道由硬岩掘进砂质泥岩施工时，惯性超挖现象的出现所诱发的地层沉降，以及左、右线不均匀超挖所诱发的沉降槽峰值偏移等问题。

4.4.1 大纵坡 TBM 隧道施工所诱发的地表沉降机理

通过大量前人的研究，可知TBM隧道开挖产生地表沉陷的主要诱因是应力释放，故本节为了更明确、更具对比性的阐述大纵坡TBM隧道施工所诱发的地表沉陷机理，先假定地表面水平且无限延伸。

首先，将隧道的埋深固定，如图4.46、4.47所示。由图4.46可知，当隧道的开挖施工不存在倾角的情况下，隧道由A面（施工掘入面）开挖至B面（施工掘出面），由于先开挖测的土体受到多次扰动，在纵向进尺取值较小的情况下，将导致地表最大沉降量所在面出现在A面内，最大沉降峰值点出现在最大沉降面与过隧道轴线的竖向垂面相交处，该工况下扰动次数对最大沉降量的大小及出现位置起决定性作用。由图4.47可知，当隧道施工存在倾角时，隧道由A面开挖至B面，隧道埋深由刚开始的H过渡到最后的$H\text{-}H1$，随着隧道的开挖界面越来越靠近地表，地层的土拱效应逐渐失效，将导致地表最大沉降量所在面出现在B面内，最大沉降峰值点仍出现在最大沉降面与过隧道轴线的竖向垂面相交处，该工况下纵坡坡度对最大沉降量的大小及出现位置起决定性作用。

其次，将隧道的埋深及其纵坡坡度固定，如图4.47、4.48所示。由图4.48可知，当TBM隧道的掘进方向存在倾角且由硬岩掘进砂质泥岩时，隧道由A面开挖至软硬岩交界面的过程中，需要增大底部千斤顶推力来使掘进机保持抬头掘进的姿态，但是当TBM隧道施工砂质泥岩的时候，由于惯性的作用，掘进机不可避免会在砂质泥岩地层内产生超挖，如果该超挖量过小或者施工人员并未意识到超挖的出现，则必定会导致地表发生超挖沉降。如图4.48所示，超挖的产生必将导致地表沉降的增加，这时地表最大沉降量所在面仍出现在B面内，最大沉降峰值点仍出现在最大沉降面与过隧道轴线的竖向垂面相交处，最大沉降量是开挖沉降量和超挖沉降量的叠加，该工况下纵坡坡度和超挖量共同对最大沉降量的大小及出现位置起决定性作用。

最后，将隧道的埋深和其间的净距固定，针对双线隧道不均匀超挖施工，所诱发的沉降叠加进行分析，如图4.49、4.50所示。由于本工程双线间净距较小，地表最终沉降曲线呈现单峰状，故由图4.49可知，针对双线净距较远的隧道正常施工而言，左线、右线开挖所对应的地表沉降槽均以各自轴线的垂线交线为轴，且地表的最终沉降槽曲线为左线、右线沉降槽曲线的叠加，最大沉降量出现在二者净距的轴对称轴上。由图4.50可知，针对双线净距较远的隧道不对称超挖施工而言，当左线超挖量大于右线超挖量时，最终沉降槽曲线的对称轴将会向左线超挖位置偏移，最大沉降量出现的位置亦越靠近左线超挖位置。

综上可知，大纵坡TBM隧道由硬岩掘入砂质泥岩的施工过程，与普通无倾角TBM隧道施工有很大的区别，尤其是由硬岩掘入砂质泥岩时所导致的超挖施工，会导致地表沉降增加、最终沉降曲线发生不均匀偏移等一系列不良响应。针对这些问题，要求我们在技术规范的执行、轴线纠偏、地表沉降及沉降槽偏移的控制方面应更为严格，这亦是本节研究的意义所在。

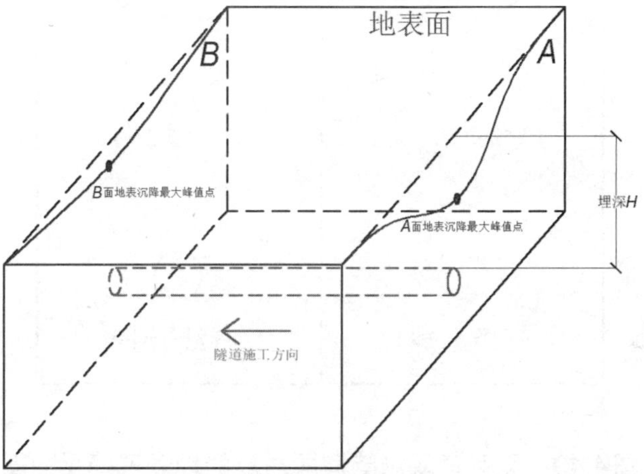

图4.46　无倾角单洞隧道所对应的地表沉降图

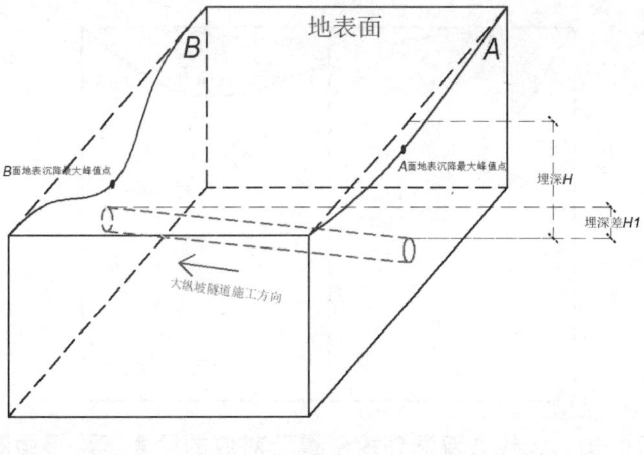

图4.47　大纵坡单洞隧道所对应的地表沉降图

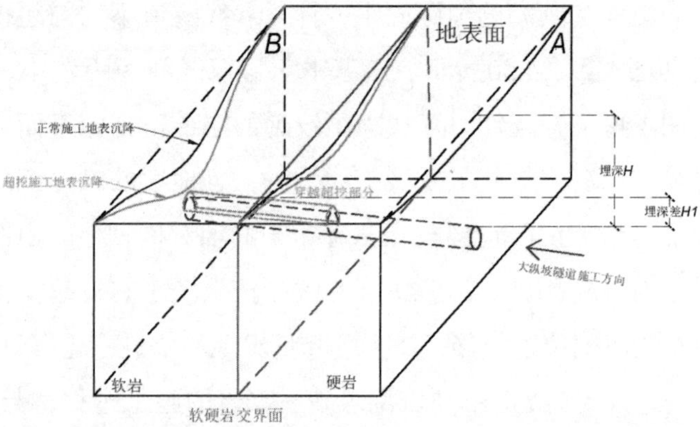

图4.48　大纵坡单洞超挖隧道所对应的地表沉降图

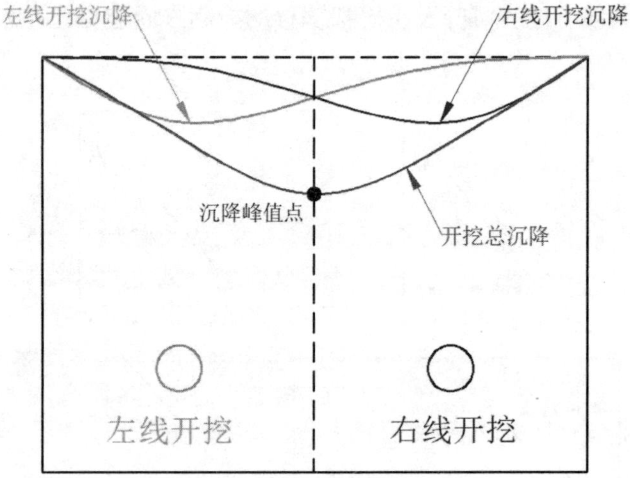

图4.49　无倾角双洞隧道所对应的地表沉降平面图

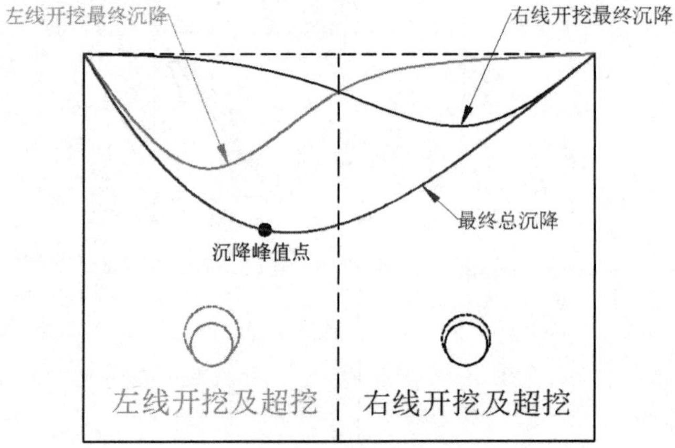

图4.50　大纵坡双洞超挖隧道所对应的地表沉降平面图

4.4.2 隧道 TBM 施工超挖量的确定

根据Lee与Rowe等人[44]所提出的地层损失参数GAP，可以将掘进机由硬入软穿越过程中的上抛现象所产生的超挖高度设为ω、超挖面积设为S_c。文章仅针对上抛超挖进行分析，同时假定由砂质泥岩边界开始各施工断面内的超挖面积S_c是相同的，具体的轴线偏移与惯性超挖面积计算的示意图如图4.51、图4.52所示。其中ω与S_c的计算见式(4-15)、(4-16)、(4-17)。

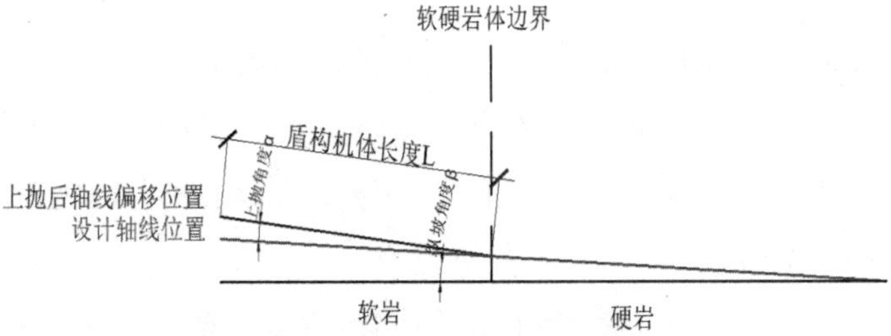

图4.51　轴线偏移示意图

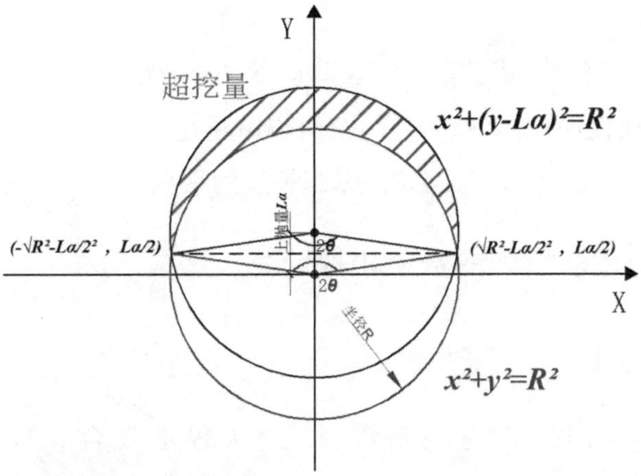

图4.52 平面内惯性超挖量计算坐标图

$$\begin{cases}\omega = L\sin(\alpha+\beta) - L\tan\beta\cos(\alpha+\beta) \\ \alpha < 15° \cup \beta < 10° \Rightarrow \omega \approx L\times\alpha\end{cases} \tag{4-15}$$

$$\begin{cases}2 \le R(m) \cup 0 < \omega \le 1000(m\quad) \Rightarrow \pi R^2 - 2R^2\arccos\dfrac{\omega}{2R} \approx \omega\sqrt{R^2-\left(\dfrac{\omega}{2}\right)^2} \\ S_C = \pi R^2 - 2R^2\arccos\dfrac{\omega}{2R} + \omega\sqrt{R^2-\left(\dfrac{\omega}{2}\right)^2} \approx 2\omega\sqrt{R^2-\left(\dfrac{\omega}{2}\right)^2} \\ S_C \approx \int_{-\sqrt{R^2-\left(\frac{\omega}{2}\right)^2}}^{\sqrt{R^2-\left(\frac{\omega}{2}\right)^2}} \left(\omega+\sqrt{R^2-x^2}\right) - \sqrt{R^2-x^2}\,dx = 2\omega\sqrt{R^2-\left(\dfrac{\omega}{2}\right)^2}\end{cases} \tag{4-16}$$

$$\begin{cases} S_C \approx 2\omega\sqrt{R^2-\left(\dfrac{\omega}{2}\right)^2} \\ \omega_{理论} \in (0,\ R](m\ ) \\ \omega_{工程安全范围} \in (0,50\ ](m\ ) \\ \omega_{文章讨论范围} \in (0,500](m\ ) \end{cases} \tag{4-17}$$

式(4-15)中L为掘进机长度，α为上抛角度，其中当α<15°且β<10°时精确计算的结果可以简化为L×α，这时的误差控制在1‰，由此可见正常施工条件下超挖高度仅与机长及上抛角度相关。

虽然本工程在正常单一围岩施工过程中对超挖控制效果良好，即此时超挖高度的实际取值控制在安全范围0~50mm之间，但在硬岩穿越至砂质泥岩过程中上抛量的控制却较为艰难。故为突出问题导向并增强本节结论的指导意义，本书将考虑施工的最不利情况，并在合理超挖范围的0~500mm区间内进行分析讨论。

针对式(4-16)可见，在隧道半径大于3m且超挖高度取值介于0~1m之间时，无论用缺圆的面积进行精确计算还是用积分估算，超挖面积*Sc*的计算结果均可简化为式(4-17)的形式。

由式(4-17)可知，超挖面积的函数，在隧道半径R确定的条件下于理论定义域内是一个关于超挖高度ω先增后减的函数。且超挖面积由超挖高度和TBM隧道半径共同决定，最后超挖量的计算即为超挖面积*Sc*与超挖纵深长度的乘积。

4.4.3 超挖引起地表沉降的数值模拟计算

4.4.3.1 模型的构建

本书采用MIDAS GTS NX有限元软件，对大纵坡复合式TBM隧道施工所诱发的地表沉降及地表沉降槽峰值的偏移规律进行模拟分析，建立三维模型的尺寸为：$X \times Y \times Z$=180m×50m×50m。为便于三维模型的建立以及边界条件的确定，本书设定了以下四条基本假定：

（1）视地层为半无限空间体；

（2）围岩、管片、注浆及超挖等待层均考虑为均质的、各向同性的连续介质；

（3）只考虑自重应力场；

（4）从软硬界面开始所有超挖面的截面尺寸保持一致。

基于上述假定，固定端约束施加模型中的底面，水平方向约束施加左右、前后表面，地表面为自由边界。考虑土层自重应力的作用，且重力荷载系数取9.8m/s^2。大纵坡复合式TBM隧道的网格划分图与地层剖面图如图4.53、图4.54所示。其中，隧道周围土体采用莫尔-库伦弹塑性本构模型，管片衬砌、等价替代层及盾尾注浆均采用实体弹性本构模型。

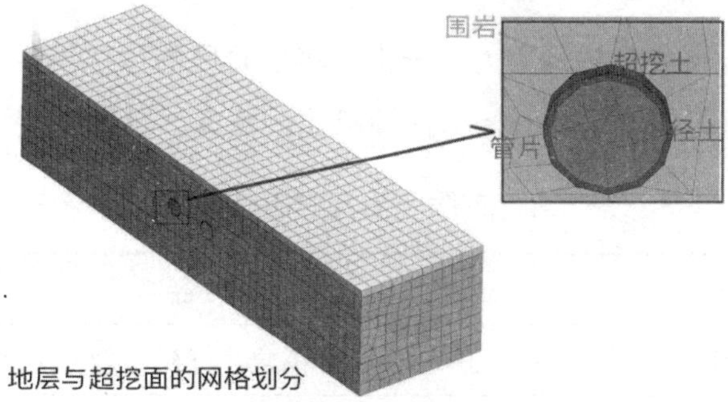

图 4.53　网格划分图

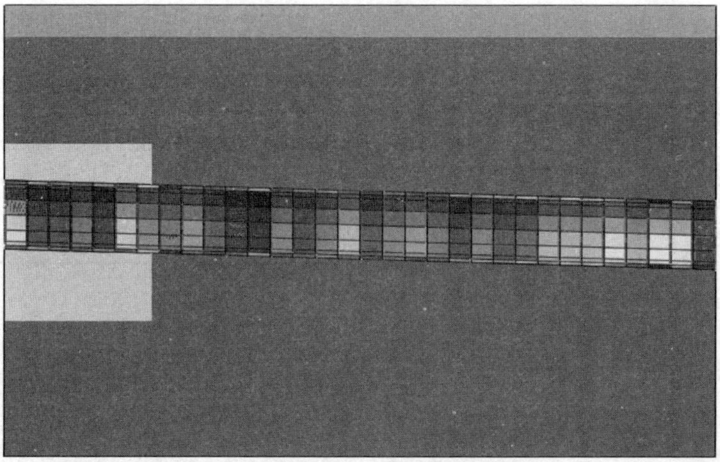

图 4.54　地层剖面图

4.4.3.2 模型计算参数的选取

根据实地岩层勘察报告及上述章节的相关假定，模型的具体计算参数见表 4.7。

表 4.7　模型计算参数

模型单元	重度 (kN/m^3)	粘聚力 (kPa)	内摩擦角 (°)	弹性模量 (MPa)	泊松比
素填土	18.6	30.9	24.6	17	0.35
砂质泥岩	27.8	1750	35.9	1905	0.39
管片	26.0	/	/	2.4×10^4	0.2
盾壳	78.0	/	/	2.0×10^5	0.2
注浆	22.5	/	/	400	0.3

4.4.3.3 施工步骤的模拟

首先对原未扰动土层进行初始应力场分析并将该阶段的位移清零，然后进行砂质泥岩岩体开挖模拟，最后进行泥岩岩体开挖与惯性超挖的模拟。具体模拟施工步骤见表4.8。

表4.8　有限元模型的运算步骤

施工阶段	工序	执行内容
初始应力场分析	1	激活所有地层单元、荷载、约束，进行初始地应力场分析
	2	将该阶段的位移清零
砂质泥岩内进行TBM隧道施工	1	钝化内径土、外径土、惯性超挖区域并激活盾壳、盾壳外压、掘进压力
	2	激活管片代替钝化的外径土、激活等代层代替钝化的惯性超挖土、激活千斤顶推力
	3	激活注浆压力
	4	激活注浆层
	5	重复上述步骤，直至地层被挖通

4.4.3.4 分析工况的界定

首先通过界定工况1~3，意在分析及验证无超挖施工以及正常超挖施工对地表沉降及管片结构的变形影响。其次再通过工况4~7，进一步寻找过量超挖的极限高度、左右不均匀超挖对地表沉降峰值及其偏移的影响。并在此基础上反推施工过程中轴线偏移的极限角度，并通过控制各千斤顶的冲程来避免地表出现过大的沉降及偏移，如表4.9所示为超挖工况的界定。

表4.8　超挖工况的界定

工况	$\omega_{右线超挖高度}$ (mm)	$\omega_{右线超挖高度}$ (mm)
1	0	0
2	50	0
3	50	50
4	500	0
5	500	100
6	500	300
7	500	500

4.4.4 数值模拟计算结果分析

4.4.4.1 无超挖施工所对应的地层沉降及管片结构变形分析

首先，为探寻隧道埋深对地表沉降的影响，本书以左线开挖为例进行分析，由图4.55可知，从隧道开始掘进至21m范围内，管片变形体现为底部隆起顶部沉降，且最大椭圆化变形恒定出现在第一环管片结构处，同时沿隧道轴向的地表位移均为沉降位移，该沉降位移会随着隧道施工进尺的增加而不断增大，且地表最大沉降量恒定出现在施工掘入面内所对应的地表位置，该阶段最大的地表沉降量为0.399mm。

其次，随着TBM隧道掘进尺寸的增加，当掘进尺寸超过39m后，管片变形虽仍体现为底部隆起顶部沉降，但最大椭圆化变形所出现的位置将会向开挖面位置不断偏移，同时虽然沿隧道轴向的地表位移亦均为沉降位移，但地表最大沉降量亦会向地层另一端即施工掘出面一侧偏移，最终当左线挖通、盾壳单元仍未钝化且注浆单元仍未激活时开始。地表最大沉降量变恒定出现在施工掘出面内所对应的地表位置，该阶段最大的地表沉降量为1.09mm出现在施工掘出面内、最小的地表沉降量为0.634mm出现在施工掘入面内。综上也验证了上述章节大纵坡单洞隧道所对应地表沉降机理的正确性。

最后，由图4.56可知，当左线、右线均开挖完毕，地表最大沉降量亦出现在TBM掘出测、左线及右线开挖断面的纵向对称轴上，同时左线、右线管片结构的最大椭圆化变形均出现于各自最后一环的位置。

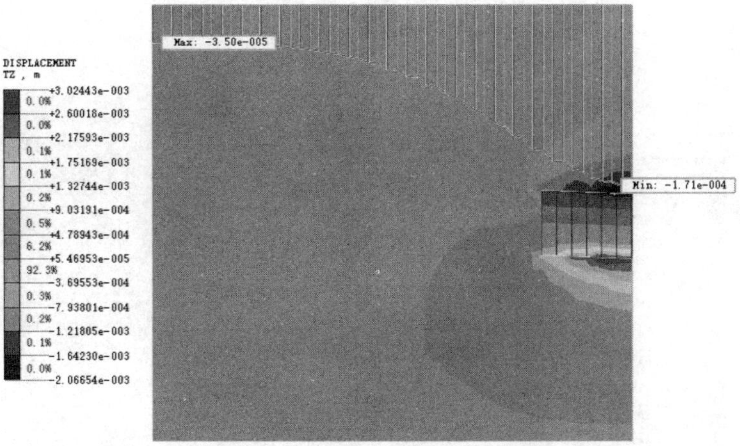

(a) 掘进9m

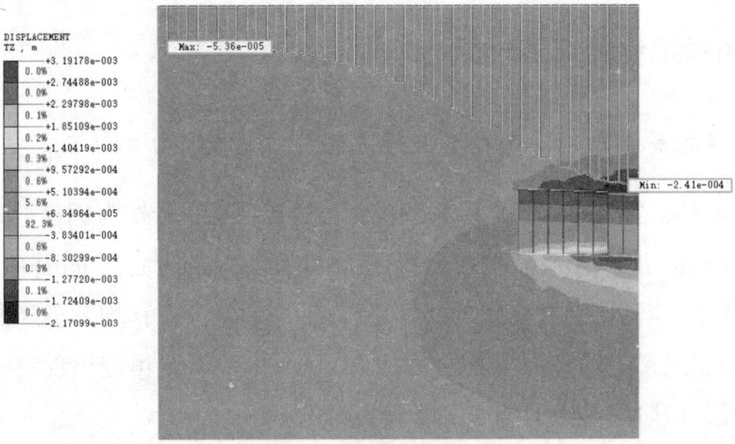

(b) 掘进 12m

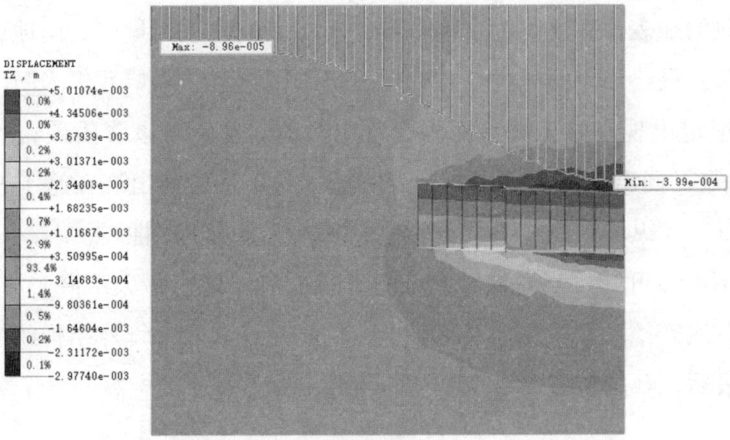

(c) 掘进 21m

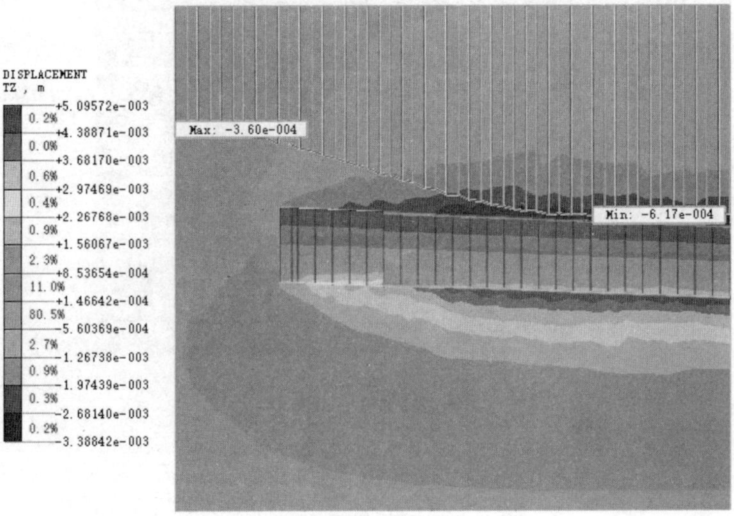

(d) 掘进 39m

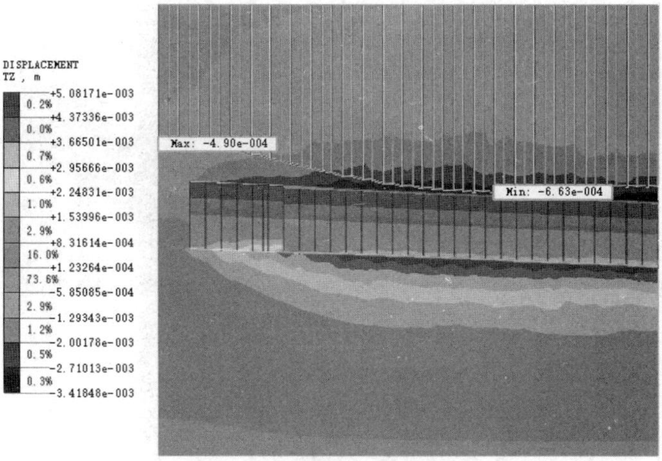

(e) 掘进 45m

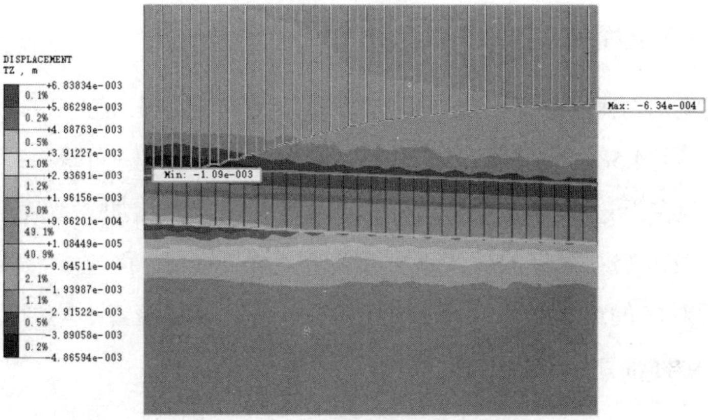

(f) 掘进 48m

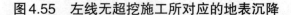

图 4.55　左线无超挖施工所对应的地表沉降

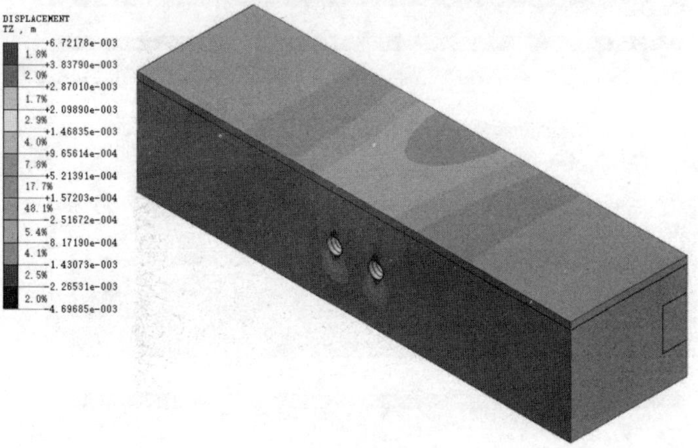

(a) 地层 Z 向位移

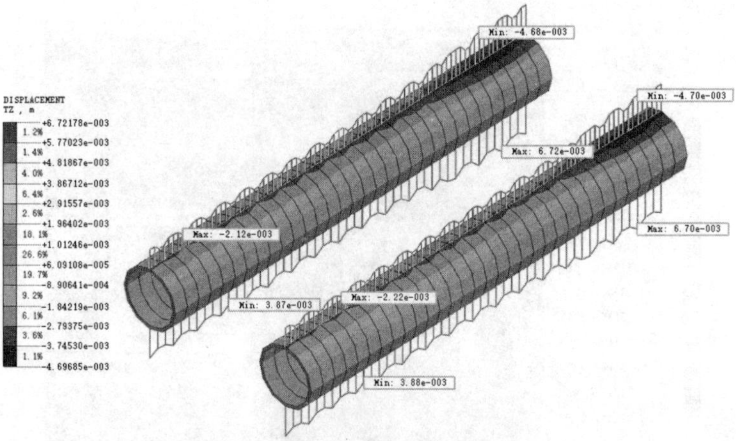

(b) 管片结构Z向位移

图4.56　无超挖施工所对应的Z向位移

4.4.4.2 超挖施工所对应的地表沉降分析

为探寻超挖施工对地表沉降的影响，本章节着重对上述工况2~7的竖向计算结果进行分析。由图4.57、图4.58可知，无论隧道在穿越施工过程中超挖了多少，整个地层的最大沉降面仍恒定出现在掘进机的施工掘出面，且随着超挖量的增加，地表沉降槽的最大深度有所增加，其中无超挖所对应的地表最大沉降量为1.27mm，而左、右线的惯性超挖高度均为500mm时所对应的最大地表沉降量则为12.6mm，同时随着不均匀超挖量的出现，地表最大沉降槽的对称轴亦会发生偏移。

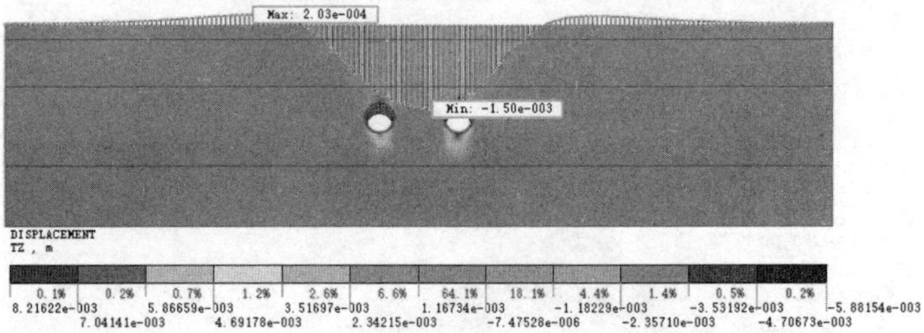

(a) 工况2

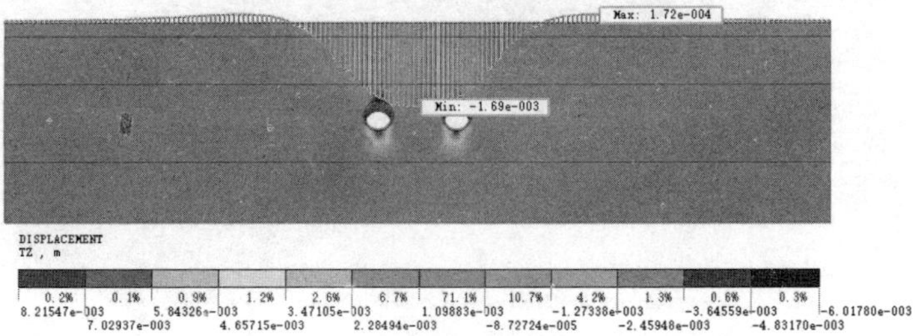

(b) 工况3

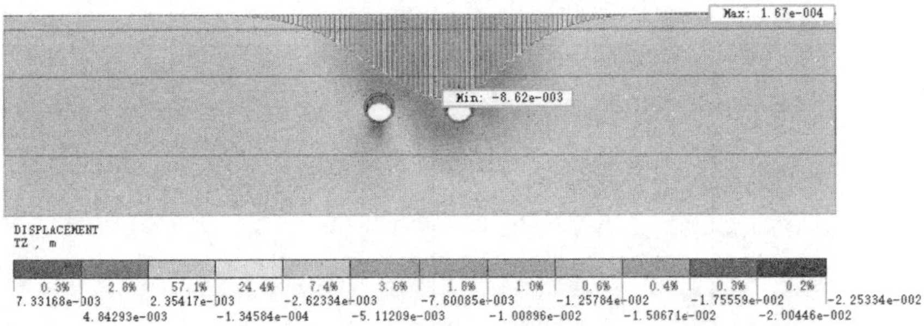

(c) 工况 4

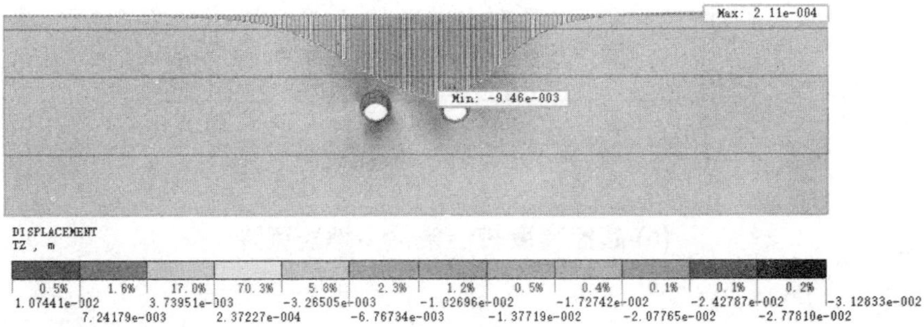

(d) 工况 5

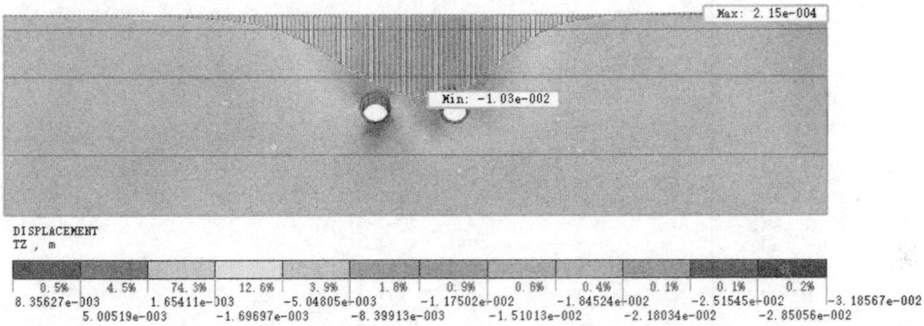

(e) 工况 6

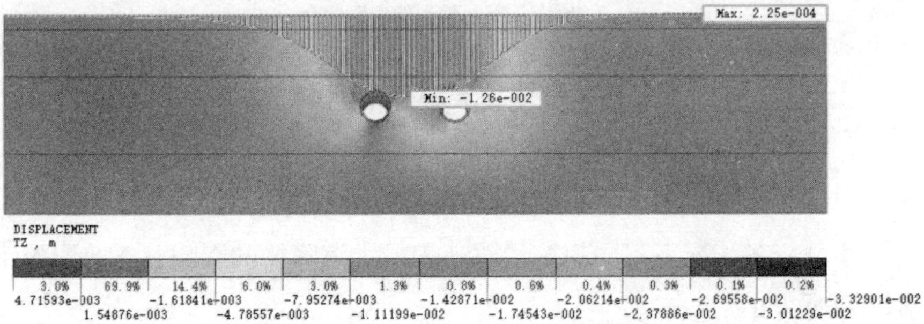

(f) 工况 7

图 4.57　各超挖工况所对应的地表沉降

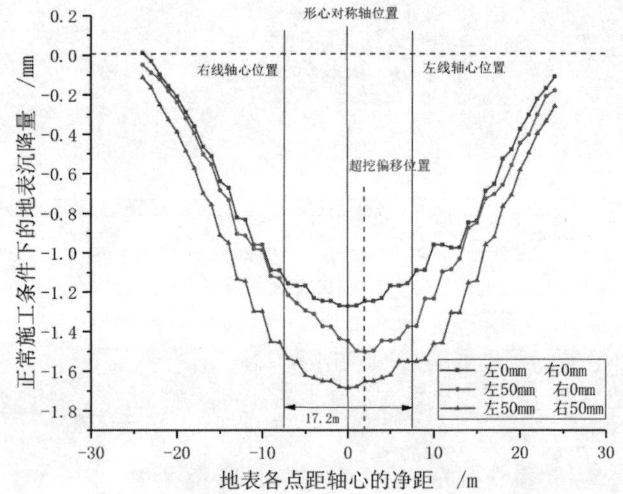

(a) 超挖高度较小条件下地表沉降

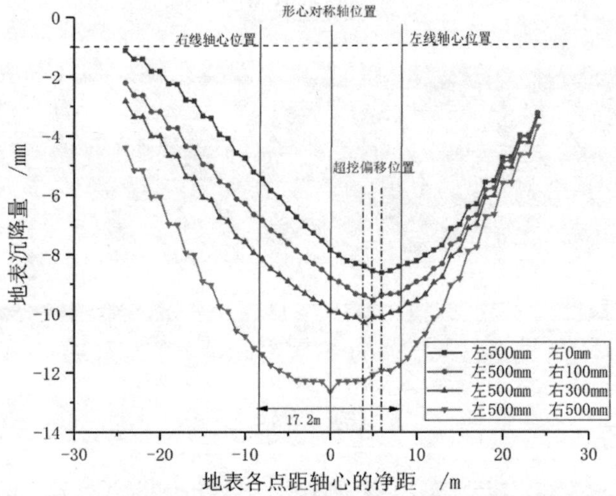

(b) 超挖高度较大条件下地表沉降

图4.58 各工况所对应的最大地表沉降曲线

为了进一步分析各工况下不同超挖量对地表最大沉降槽的影响，本节取施工掘出面内的地表最大沉降曲线f(x)进行分析：

$$f\left(x\right)=y_{\max}\times e^{-0.5\times\left(\frac{x-x_c}{d}\right)^2} \tag{4-18}$$

上式中ymax为沉降槽曲线的最大沉降深度，x_c为沉降槽曲线的对称轴位置，d为沉降槽曲线的宽度，假定超挖状态下地表沉降槽曲线仍满足高斯公式。

由表4.10可知，随着超挖量的增加，各工况所对应的地表最大沉降槽曲线的沉降槽宽度将不断减小、沉降槽面积将不断增加、最大沉降量将不断增加，即地表最大沉降槽将变得窄而深，同时随着左、右线超挖量差值的不断增加，最大沉降曲线的对称轴位置越靠近超挖量较多的一侧，这亦验证了上述章节大纵坡双洞不均匀超挖所导致的地表沉降偏移机理。

表4.10　各工况地表最大沉降曲线的参数表

工况	沉降曲线函数	沉降槽宽度 (m)	沉降槽面积 (mm^2)	左线超挖面积 (m^2)	右线超挖面积 (m^2)
1	$f(x)=-1.27213\times e^{-0.5\times\left(\frac{x}{21.237}\right)^2}$	21.237	50.217	0	0
2	$f(x)=-1.50275\times e^{-0.5\times\left(\frac{x-1.24415}{20.669}\right)^2}$	20.669	58.668	0.33	0
3	$f(x)=-1.6845\times e^{-0.5\times\left(\frac{x}{18.189}\right)^2}$	18.189	62.436	0.33	0.33
4	$f(x)=-8.6238\times e^{-0.5\times\left(\frac{x-5.29}{13.501}\right)^2}$	13.501	262.259	3.29	0
5	$f(x)=-9.55\times e^{-0.5\times\left(\frac{x-3.55}{13.01}\right)^2}$	13.01	288.047	3.29	0.66
6	$f(x)=-10.31\times e^{-0.5\times\left(\frac{x-2.15}{12.75}\right)^2}$	12.75	308.593	3.29	1.98
7	$f(x)=-12.64\times e^{-0.5\times\left(\frac{x}{10.12}\right)^2}$	10.12	314.953	3.29	3.29

最后，由图4.59可知，最大地表沉降槽曲线的各要素与左、右线的超挖量紧密相关。其中左、右线的不均匀超挖所诱发的轴线偏移量，与左、右超挖面积的差值大致呈单指数关系，且随着超挖面积差的增加，轴线偏移量不断增加，且沉降槽的偏移增量显著于其极限深度的增量。左、右线的总超挖面积，与其所诱发的沉降槽宽度减小值之间大致呈双指数关系；左、右线的总超挖面积，与其所诱发的沉降槽面积增加值之间亦大致呈双指数关系；左、右线的总超挖面积，与其所诱发的地表最大沉降量之间大致呈线性关系。且由该拟合曲线大致可以预知当超挖面积超过10.2m^2，即超挖高度为0.78m时，地表最大沉降量才会超过20mm的极限控制值。故对于围岩自稳性较好的岩石类TBM隧道施工而言，惯性超挖对地表沉降增量的影响是有限的。

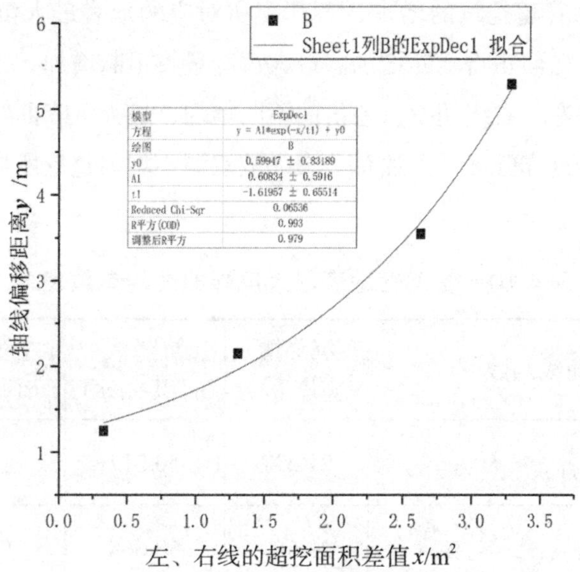

(a) 轴线偏移与超挖面积之差的拟合关系

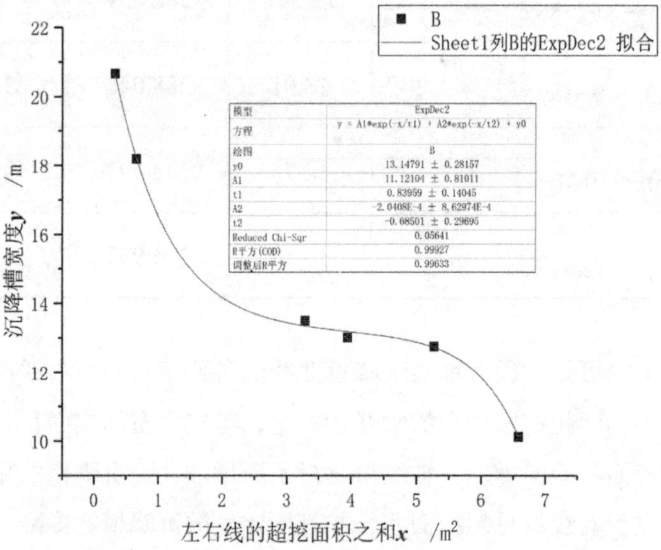

(b) 沉降槽宽度与超挖面积之和的拟合关系

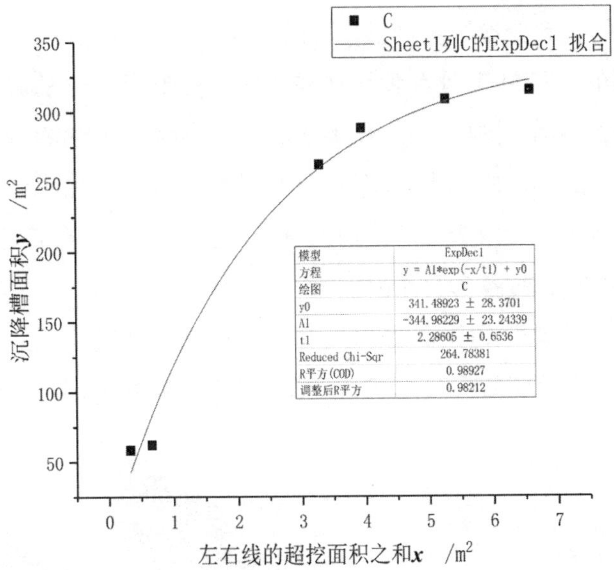

(c) 沉降槽面积与超挖面积之和的拟合关系

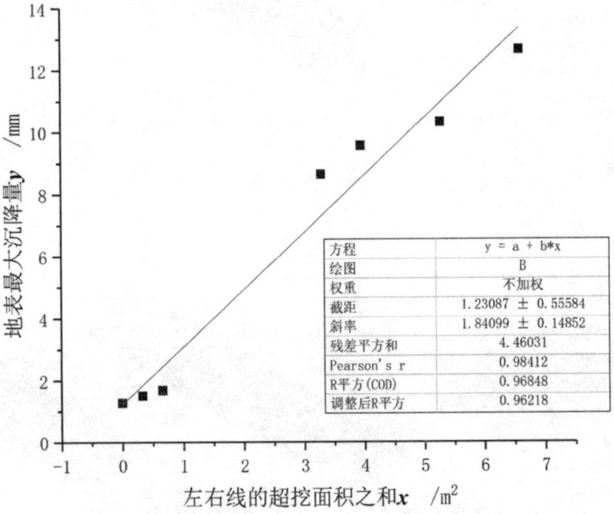

(d) 地表最大沉降量与超挖面积之和的拟合关系

图4.59　沉降曲线各要素与超挖面积间的关系

4.4.4.3 超挖施工所对应的管片结构变形分析

首先，为探寻超挖施工对管片结构收敛变形的影响，本节着重对上述工况2~7的竖向计算结果进行分析，由图4.60可知，随着施工掘过软硬界面而产生土体的超挖，管片结构的整体位移及收敛变形均有所增加，但整体的收敛仍体现为拱底隆起、拱顶沉降，且左线超挖对右线管片结构的收敛变形影响极小，可以忽略，反之亦然。

其次，分析不同的超挖施工量对管片结构的收敛变形所产生的影响，如图4.61(a)所示，随着超挖量的增加管片结构的收敛有所增加。其中前16环的收敛变形几乎一致；第17~26环之间，因超挖量的增加所诱发的管片结构的收敛变形增加明显；第26环之后，施工超挖所诱发的管片结构的收敛变形的增加则更为显著，这说明施工超挖对管片结构的收敛影响集中在软硬界面左、右各8环的范围内。

最后，由图4.61(b)可知，超挖面积和最大收敛量大致呈线性相关，即随着超挖面积的增加管片结构的最大收敛变形亦线性增加，管片结构椭圆化变形加剧。

(a) 工况2

(b) 工况3

(c) 工况 4

(d) 工况 5

(e) 工况 6

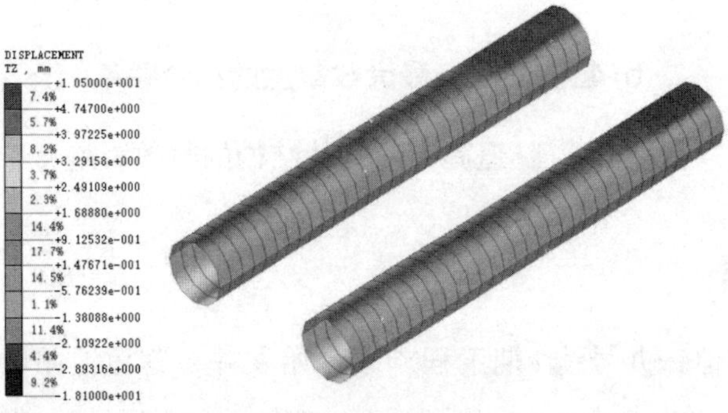

(f) 工况 7

图4.60　各超挖工况所对应的管片结构位移

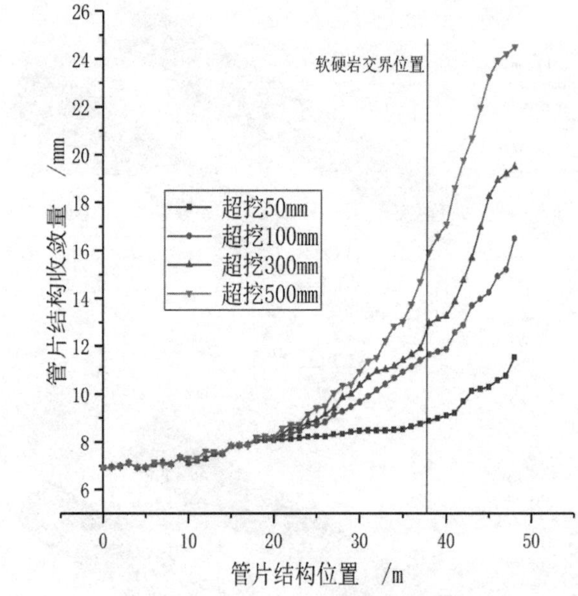

(a) 施工超挖与管片结构收敛量关系曲线

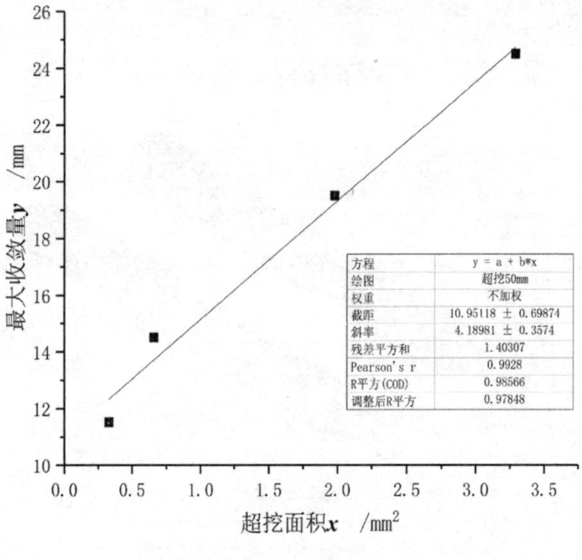

(b) 超挖面积和最大收敛量的拟合关系

图4.61　隧道施工对管片结构的收敛影响

4.4.5 本节小结

本节依据重庆市地铁九号线1期工程刘家台始发井—鲤鱼池站区间，复合式TBM隧道为工程背景，采用MIDAS GTS NX以及Origin软件，对大纵坡隧道惯性超挖所诱发的地表沉降槽峰值点偏移规律、产生机理及相应的管片结构收敛变形进行分析。主要得出以下结论：

（1）与无角度施工不同，因纵坡坡度的存在，复合式TBM隧道沿大纵坡施工扰动所诱发的地表最大沉降，出现在施工掘出面，这是因为随着管片结构覆土深度的减小，埋深对沉降的影响权重大于重复扰动，反映在力学机理上即为地层压力拱效应的削弱或消失。

（2）当进行大纵坡、由硬入软的TBM穿越施工时，极易诱发惯性超挖现象。其中惯性超挖量由超挖高度与开挖界面的外径共同控制。惯性超挖的出现将增加覆土的沉降位移，其反映在最大地表沉降曲线上则体现为使地表沉降槽变得窄而深。若左右惯性超挖量不同，则会导致沉降槽峰值点向超挖量较多的一侧偏移。

（3）地表最大沉降槽的沉降槽宽度与超挖总面积呈双指数关系且负相关，地表最大沉降槽的沉降槽面积与超挖总面积呈双指数关系且正相关，地表最大沉降槽的对称轴偏移量与超挖面积差呈单指数关系且正相关，地表最大沉降槽的极限沉降深度与超挖面积和大致呈线性关系。

（4）对于围岩较为稳定的岩石类TBM隧道施工，惯性超挖对地表沉降增量的影响是有限的，但是对地表沉降槽对称轴偏移量的影响却十分显著。以本节砂质泥岩而言，当左、右的超挖高度均超过780mm时，即使超挖部分通过注浆填充，地表最大沉降量才刚刚超过20mm的限值，但当左、右的超挖高度差超过500mm时，峰值点的偏移量就已经达到了5.29m，而左、右线之间的净距仅仅为10.6m。

（5）当进行大纵坡、由硬入软的TBM穿越施工时，管片结构的椭圆化收敛变形由三部分诱因产生：一是开挖应力释放所产生的椭圆化收敛变形；二是埋深减小所产生的椭圆化收敛变形；三是由惯性超挖所产生的椭圆化收敛变形。且三部分诱因中隧道开挖、惯性超挖的管片结构收敛变形所产生的影响最为显著。惯性超挖对管片结构收敛变形所产生的影响集中于软硬界面两侧各8环的范围内，超挖面积与管片结构的最大收敛量之间大致呈线性关系且正相关。

4.5 本章小结

本章以纵坡坡度为主要影响参数，利用理论分析和数值模拟等方法，系统研究大纵坡TBM隧道施工开挖面受力和变形规律、管片受力及变形规律、注浆压力对围岩和管片的影响规律以及超挖对地表和管片的影响等隧道施工关键风险问题，分别得出岩土体应力、变形规律和管片内力及其变形规律，总结分析大纵坡隧道TBM施工风险，从而采取相应合理的施工措施。

第5章　大坡度隧道TBM施工引起地层变形规律研究

隧道开挖时，在下穿既有建筑物的过程中，刀头切割作用破坏了地下土体的原始平衡状态。TBM开挖对土体的推力作用、刀头对土体的剪切力、注浆过程等都对围岩产生扰动，它不断扩展到现有建筑物的基础持力层，进而扩展到建筑物的基础。建筑物的上部结构在此过程中会出现由于基础不均匀沉降而引起的附加内力和变形。

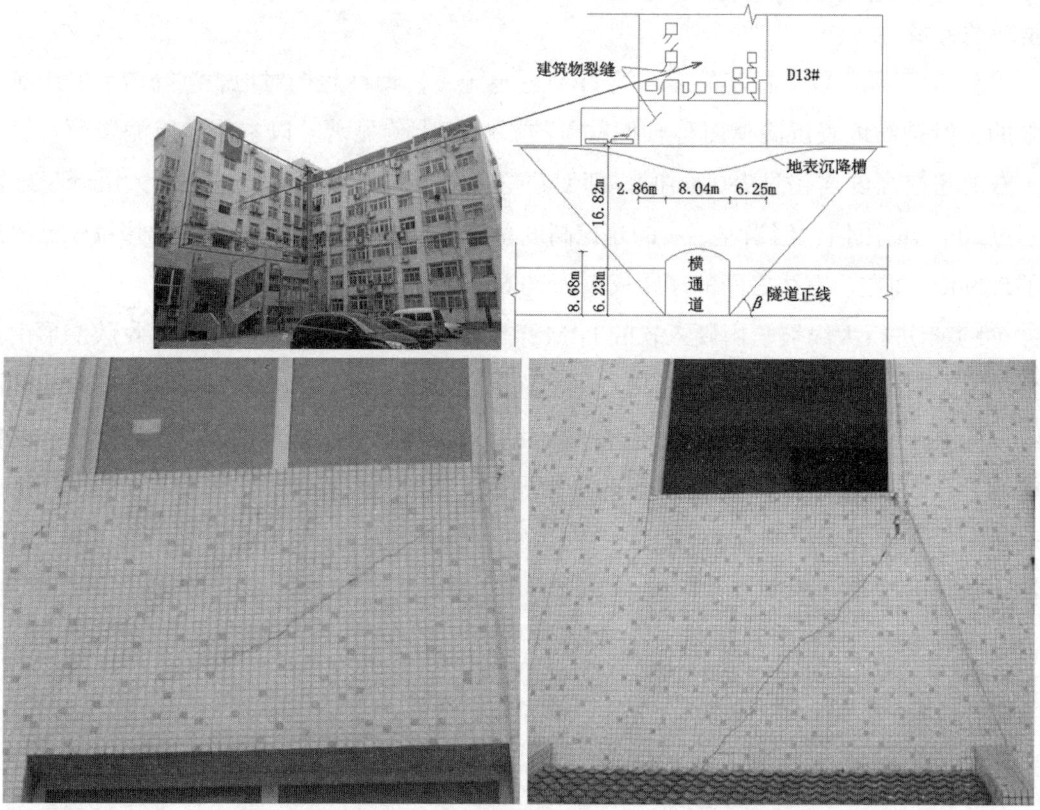

图5.1　地铁隧道施工引起地层变形导致建筑物开裂

TBM隧道施工穿越建筑物风险最终归结为隧道开挖引起的地层变形风险（图5.1）。深入分析隧道开挖引起的地层变形（在建筑物上呈现为基础的不均匀沉降）是进行穿越建筑物风险管理的根本。本章结合实际工程重庆市地铁九号线1期工程刘家台站—鲤鱼池站区间双线隧道施工，利用理论分析和数值模拟，揭示TBM隧道施工引起地表沉降的机理和规律，为大纵坡TBM隧道施工穿越建筑物的安全风险控制提供理论依据。

5.1 TBM 迎坡掘进影响地层变形的力学机理分析

TBM在平坡掘进过程中，首先刀盘进入岩体内，其次刀盘将岩体粉碎。刀盘进入岩土体过程中会形成应力场，造成压碎区，围岩受到了挤压、剪切和摩擦等不同程度的扰动，原始的地层平衡状态被打破，地层发生变形直到下次达到平衡状态前[45]。而TBM进行迎坡掘进时，岩土体会受到同平坡掘进时相同的扰动，但由于坡度的影响，岩土体与平坡掘进时相比受到的扰动程度不同，以下从隧道围岩应力、围岩变形以及地表沉降三方面进行分析。

（1）围岩应力分析

掘进机在迎坡掘进过程中，由于自身重力的原因，会有下滑力的作用，因而无论是掘进机前部护盾还是后部已安装完毕的管片都会与围岩产生摩擦力，如图5.2中围岩单元所受到力F2所示。在摩擦力作用下围岩会产生扰动区，在扰动区范围内的围岩受到摩擦力的剪切作用，易产生剪切滑动面的破坏。如图5.2所示的围岩单元体受到摩擦力F2以及自身重力F1，在两个力共同作用下合力方向如图所示，围岩易产生与合力方向相同的剪切滑动面。当迎坡掘进坡度增大时，摩擦力F1也相应增大，合力值也随之增大，故围岩产生更严重的剪切变形，隧道周围岩土体有明显的开挖卸荷作用，容易产生围岩应力的变化。

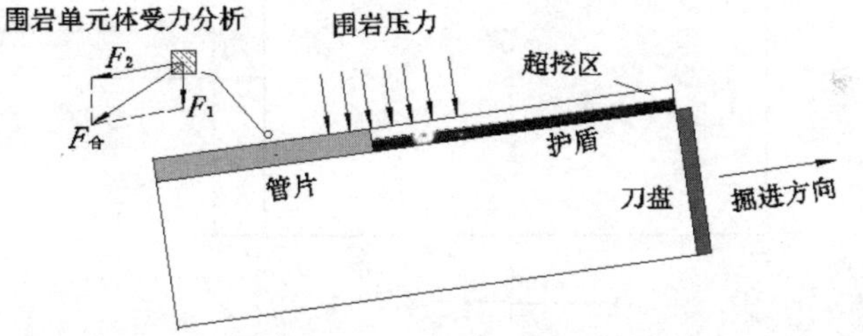

图5.2　TBM迎坡掘进时围岩受力分析图

（2）围岩变形分析

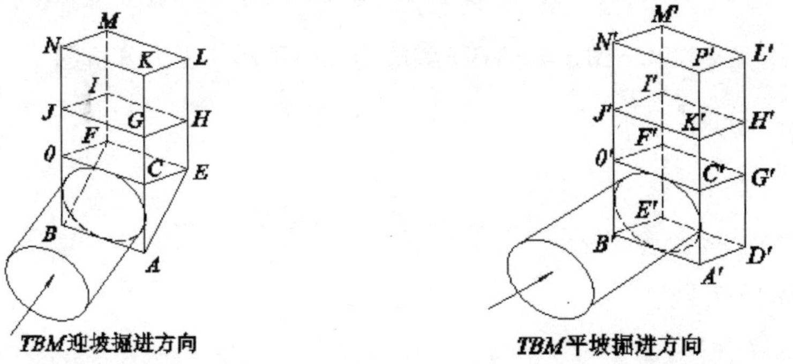

(a) 迎坡掘进的计算模型　　　　(b) 平坡掘进的计算模型

图5.3　TBM隧道施工的计算模型

将平坡开挖下与迎坡开挖下岩土体的受力模型如图5.3(a)、(b)所示进行对比可知：*ABCO*、*A'B'C'O'*为隧道开挖面，*MNKL*、*L'M'N'P'*为地表，*GHIJ*、*H'I'J'K'*为地下水位面，*OCEF-KLMN*、*O'C'G'F'-L'M'N'P'*为下滑岩土体所带动的上部岩土体。迎坡掘进时隧道开挖面失稳下滑岩土体为楔形体*ABCOEF*，而平坡掘进时隧道开挖面失稳岩土体为较为稳定的矩形体*A'B'O'C'D'E'F'G'*。将失稳土体楔形体和矩形体进行受力分析如图5.4(a)、(b)所示可知：

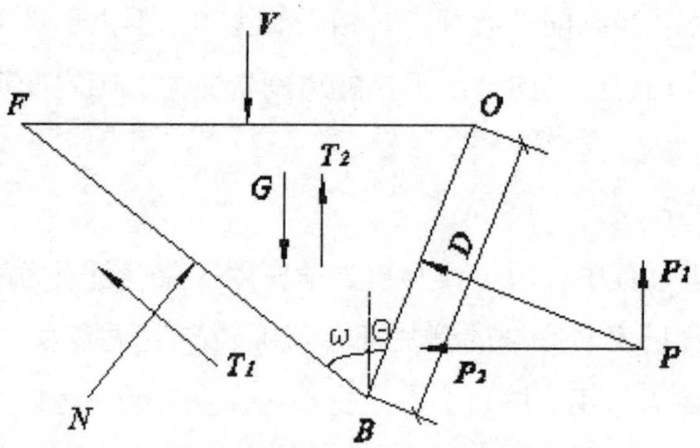

(a) 楔形体受力分析图

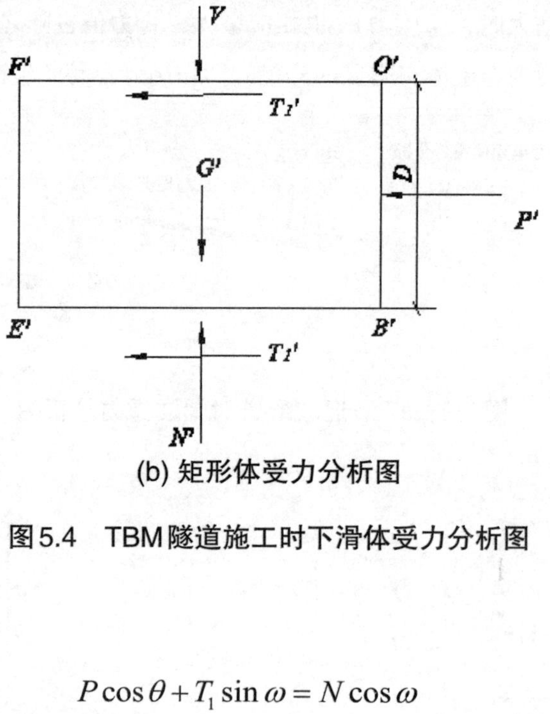

(b) 矩形体受力分析图

图5.4　TBM隧道施工时下滑体受力分析图

楔形体水平受力：

$$P\cos\theta + T_1\sin\omega = N\cos\omega \tag{5-1}$$

楔形体竖直受力：

$$V + G = T_1\cos\omega + N\sin\omega + 2T_2 + P\sin\theta \tag{5-2}$$

式中：P为TBM掘进力；V为上方岩土体对滑动块的压力；G为楔形体自身重力；T1为滑动面ABEF的剪力；T2为滑动面BOF和ACE上的剪力；θ为坡角；ω为岩土体破裂角，与坡角有关。

矩形体水平受力：

$$P = 2T_1^{'} \tag{5-3}$$

矩形体竖向受力：

$$V^{'} + G^{'} = N^{'} \tag{5-4}$$

式中：P为TBM掘进力；V'为上方岩土体对滑动块的压力；G'为楔形体自身重力；T1'为滑动面A'B'D'E'和O'C'G'F'的剪力。

当掘进力P一定时，TBM迎坡掘进时由于坡度的影响，斜向掘进力可按水平、竖直方向分解为两个分力P1、P2，而平坡开挖时，没有坡度的影响，开挖面处只受到水平方向的掘进力P。故迎坡掘进时，失稳楔形体在竖向分力P2作用下，使楔形体竖向受力增大。又由于掘进机存在向下滑动离开开挖面的趋势，楔形体会有倾向开挖面的趋势，则滑动面剪力T1、T2也会增加，联合式(5-1)、(5-2)可知迎坡掘进时，坡度的增大会造成楔形体受到的水平、竖直方向的力增大，通过力的传递作用下滑楔形体所带动的上部岩土体受到水平、竖直方向的力也同时增大，故会破坏原有地层的平衡状态，导致围岩产生水平和竖向的位移。

（3）地表沉降分析

TBM迎坡掘进时，综合上述对围岩的稳定性分析，首先由于掘进机本身重量的作用，掘进机存在向下滑动的趋势，导致隧道周围岩产生位移，其次又由于掘进力竖向分力的增加，会对上层岩土体有向上推动力的作用。故由于坡度的不同，综合两种情况下围岩的变形，再通过力的传递作用，地表沉降也将由于坡度的不同产生一定的影响。

5.2 TBM 迎坡掘进影响地层变形的数值模拟分析

5.2.1 模型建立

本章采用MIDAS GTS NX有限元软件来模拟TBM迎坡掘进对围岩及地表的影响进行模拟，首先根据地质剖面图构建模型的轮廓，选取区间内90m长隧道，由于所选取隧道大部分位于砂质泥岩内，岩土层只选取素填土层以及砂质泥岩层，故将模型的尺寸选为

$X \times Y \times Z$=90m × 60m × 30m。

为方便三维模型的建立，设定三种基本假定：

（1）将地层视为半无限空间体；

（2）不考虑施工中特殊岩土体，认为围岩匀布；

（3）仅考虑自重应力场，不考虑地下水的渗流作用。

首先定义模型的属性，将围岩定义为三维实体单元，其材料属性定义为适用各向同性的莫尔—库伦理论；管片定义为二维板单元，其材料属性定义为各向同性中的线弹性材料。其次将坐标系Y轴正方向视为隧道迎坡掘进方向，隧道迎坡掘进坡度初次设定为10‰，隧道拱顶埋深为26~27m，隧道断面设置为内径6.6m的圆形断面，迎坡TBM隧道空间位置图如图5.5(a)所示。再将隧道进行管片划分，选取1.5m一环。之后，对第一层素填土、第二层砂质泥岩以及隧道内开挖土进行网格划分，对2D管片进行析取单元，模型的网络划分图如图5.5(b)所示，隧道的迎坡方向如图5.5(c)所示。再设置施工阶段，一次开挖两环，先进行左线隧道的开挖，将左线隧道内开挖土体钝化，并同时将管片激活，同上述步骤，后进行右线隧道的开挖，最后进行计算分析。

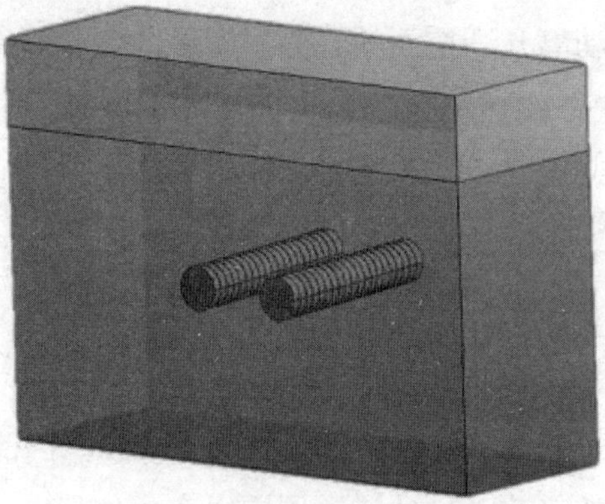

(a) 迎坡隧道空间位置图

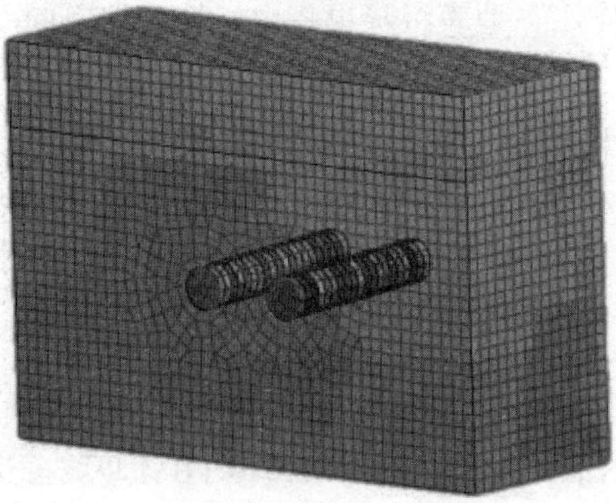

(b) 网格划分图

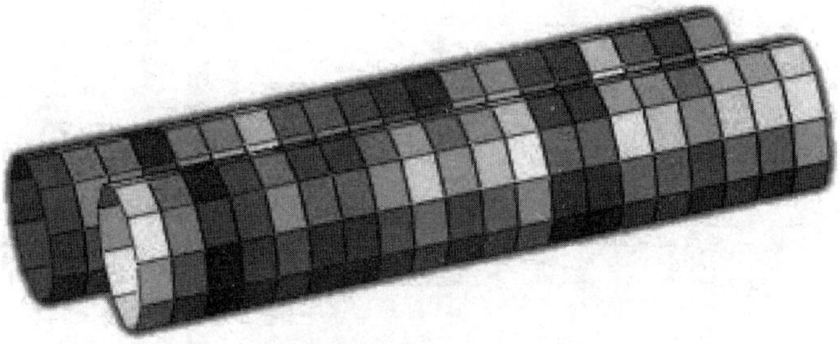

(c) 隧道迎坡方向

图5.5 迎坡隧道三维模拟图与具体模型构件

TBM迎坡隧道所在地层基本为砂质泥岩，上层土层为素填土。岩土体以及管片的主要力学参数见表5.1。

表5.1 岩土体及管片力学参数

名称	重度 γ/(kN/m³)	泊松比 μ	弹性模量 E(MPa)	粘聚力 c(kPa)	内摩擦角 ϕ(°)
素填土	18.6	0.35	17	30.9	24.6
砂质泥岩	27.8	0.39	1 905	1 750	35.9
管片	26.0	0.2	24 000	/	/

由于在开挖过程中隧道上方岩土体相对于隧道下方岩土体有向下沉降的运动，下方岩土体较为稳定，故在模型的左右表面加约束，方向同*X*轴正向，前后表面加约束，方向同*Y*轴正向，模型顶部即地表面设为自由面不限制其位移。考虑岩土体自重应力的作用，且重力荷载系数取9.8m/s²。

依托重庆市地铁九号线1期工程刘家台站—鲤鱼池站区间，由于该区间隧道纵坡坡度为20‰~46‰，为全面分析坡度对TBM隧道围岩及地表的影响，本书选取隧道纵坡坡度分别为10‰、30‰、50‰，并通过这三个工况进行计算分析。

5.2.2 计算结果分析

5.2.2.1 TBM 迎坡掘进引起的围岩应力分析

TBM迎坡掘进会对隧道围岩造成扰动，导致隧道周围不同位置及不同埋深处的围岩应力不尽相同。按照上述三个工况（坡度分别为10‰、30‰、50‰），选取开挖面后隧道截面位置围岩应力的模拟云图如图5.6所示，并将隧道截面处关键位置围岩应力进行统计对比如表5.2、表5.3所示。

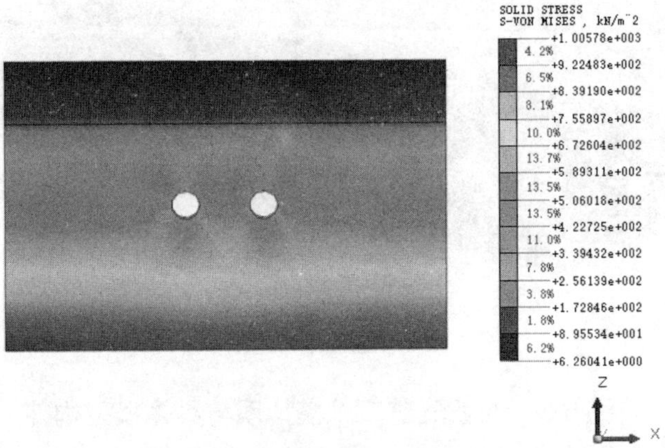

(a) 纵坡坡度为10‰

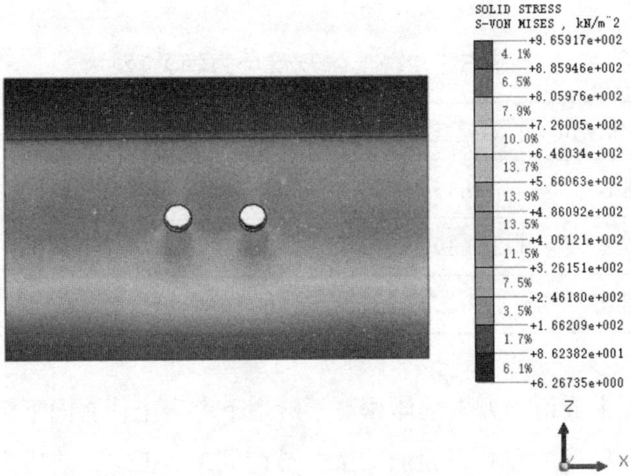

(b) 纵坡坡度为30‰

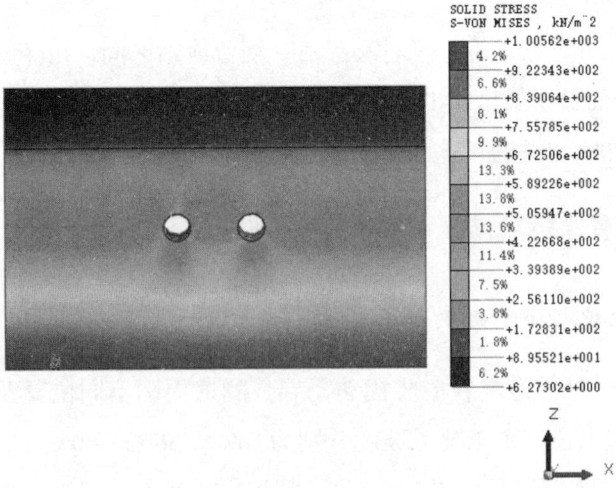

(c) 纵坡坡度为50‰

图5.6 TBM迎坡掘进引起的围岩应力云图

表5.2　左侧隧道（先开挖）围岩各关键点Z向应力变化表

坡度		10‰	30‰	50‰
左拱腰	应力值 (kN/m^2)	545.289	515.655	453.146
右拱腰	应力值 (kN/m^2)	568.450	528.227	513.056
拱顶	应力值 (kN/m^2)	322.373	360.352	321.784
拱底	应力值 (kN/m^2)	463.295	404.477	445.625

表5.3　右侧隧道（先开挖）围岩各关键点Z向应力变化表

坡度		10‰	30‰	50‰
左拱腰	应力值 (kN/m^2)	597.507	539.074	536.909
右拱腰	应力值 (kN/m^2)	559.133	535.650	532.997
拱顶	应力值 (kN/m^2)	340.125	332.734	343.360
拱底	应力值 (kN/m^2)	439.803	448.410	426.157

根据图5.6围岩应力云图及数值模拟结果表5.2、表5.3分析可知：

（1）在三种工况中，TBM隧道迎坡掘进时围岩应力云图大致相同，隧道附近围岩应力受坡度影响变化趋势基本相同，地层受自重的影响竖向应力呈层状分布，竖向应力随埋深增大。

（2）隧道施工中，围岩的竖向应力沿两条隧道中线对称分布，由于隧道的开挖对上部土体有卸荷作用，故围岩应力均在双线隧道的拱顶处发生急剧变化，拱顶位置围岩所受Z方向正应力比同一埋深处其他区域围岩应力小。

（3）两条隧道中间位置围岩的竖向应力较两隧道两侧围岩的竖向应力大，且隧道坡度对两隧道拱腰位置围岩的竖向应力影响大，随着坡度的增大拱腰位置围岩的竖向应力呈递减趋势，而隧道坡度对拱顶及拱底围岩的竖向应力影响不大。

综上所述，TBM迎坡掘进时隧道的两腰处出现应力集中现象，且两隧道中间岩柱围岩的竖向应力值最大。TBM迎坡掘进时由于坡度的影响有下滑趋势，与隧道上层土体摩擦力增大，开挖卸荷作用更加明显，故迎坡隧道上部围岩处竖向应力发生急剧变化。另外，围岩的受力状况会引起围岩的变形，由于围岩应力与迎坡隧道坡度大小存在一定的规律性，则围岩变形也会与迎坡隧道的坡度存在一定的规律。

5.2.2.2 TBM迎坡掘进引起的围岩变形分析

（1）隧道坡度对围岩竖向变形的影响

根据前文分析可知围岩应力变化较明显的位置为隧道的拱腰、拱顶，而围岩应力引起围岩变形，故选取上述三个工况（坡度分别为10‰、30‰、50‰）开挖面后隧道截面位置围岩竖向变形的模拟云图如图5.7所示，并将隧道截面处关键位置围岩竖向变形值绘成折线图如图5.8所示进行深入研究。

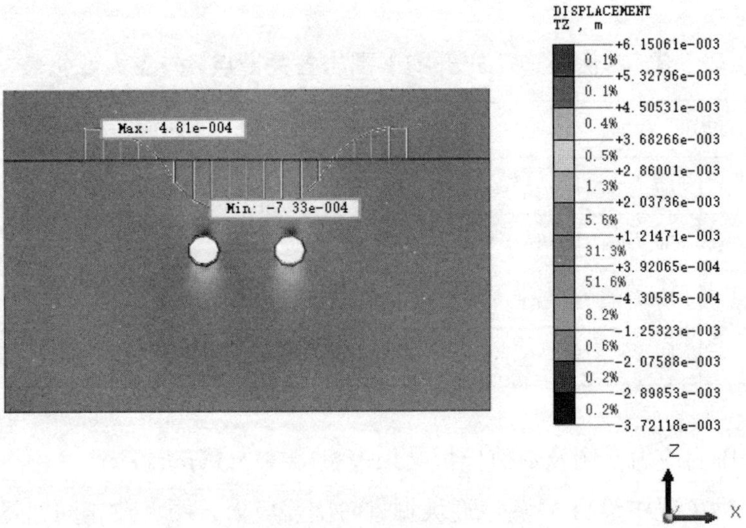

(a) 纵坡坡度为10‰

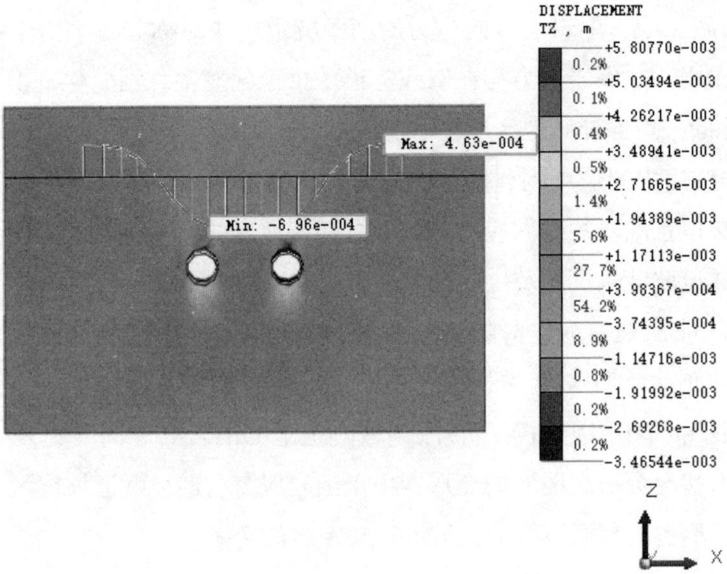

(b) 纵坡坡度为30‰

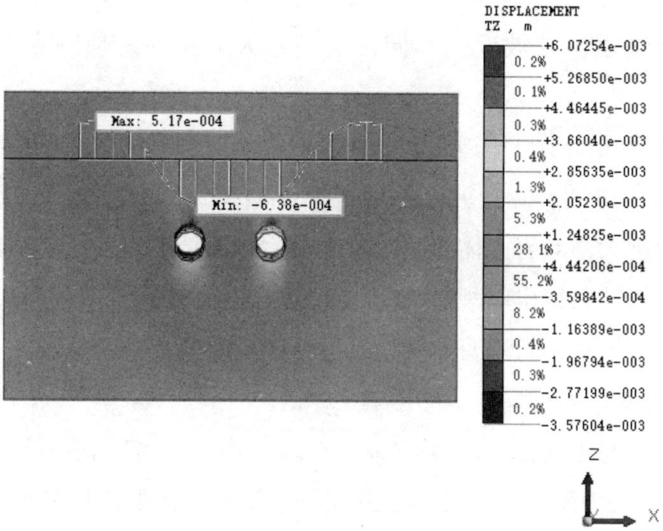

(c) 纵坡坡度为 50‰

图5.7　TBM迎坡掘进引起的围岩竖向变形云图

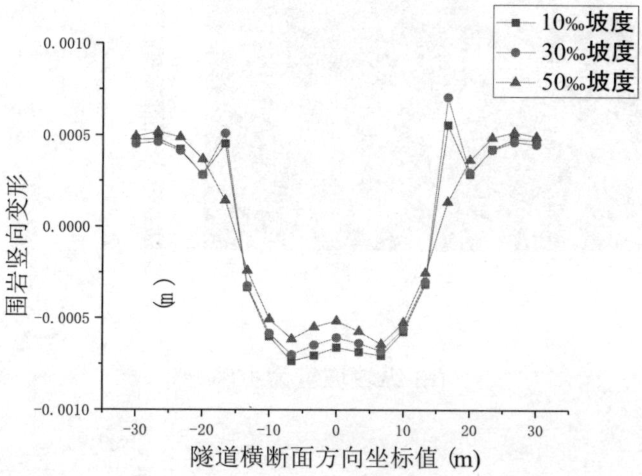

图5.8　不同工况下TBM迎坡掘进引起的围岩竖向变形

由不同工况下TBM迎坡掘进引起的围岩竖向变形云图及折线图可知：

1）三种不同坡度下，TBM迎坡掘进时，两条隧道围岩的竖向变形主要表现为拱顶围岩下沉，竖向变形曲线出现“双峰”，拱顶处为竖向位移值峰值。

2）隧道围岩在三种工况中其竖向变形沿两隧道距离中线呈对称分布，由于隧道上部岩土体开挖卸荷作用明显，拱顶围岩应力发生急剧变化，故两隧道拱顶位置的围岩竖向位移值比同一埋深处下沉绝对值大。

3）两隧道两侧拱腰位置围岩竖向位移值较大，与上述两隧道拱腰位置发生应力集中相对应，且围岩竖向位移值从两拱腰位置到远离拱腰位置逐渐减小，直至趋于平缓。

4）由于TBM隧道施工坡度的不同，坡度越大，隧道拱顶围岩的竖向沉降值反而越小。

根据上述分析可知，TBM隧道施工时坡度的大小对围岩的竖向变形存在一定的影响。根据定性分析的规律可知，隧道坡度的增大，TBM掘进力的竖向分力越大，故岩土体受到向上的竖向分力越大，对岩土体起到了隆起作用，降低了围岩的竖向位移值，且拱顶位置最为明显。该计算结果得出的规律与前一节围岩应力的分布规律一致，围岩应力及围岩竖向变形均在拱顶与拱腰处出现明显变化，也验证了模型的准确性。

（2）隧道坡度对围岩横向变形的影响

选取上述三个工况（坡度分别为10‰、30‰、50‰）开挖面后隧道截面位置围岩横向变形的模拟云图如图5.9所示，并将隧道截面处关键位置围岩横向变形值绘成折线图如图5.10所示进行深入研究。

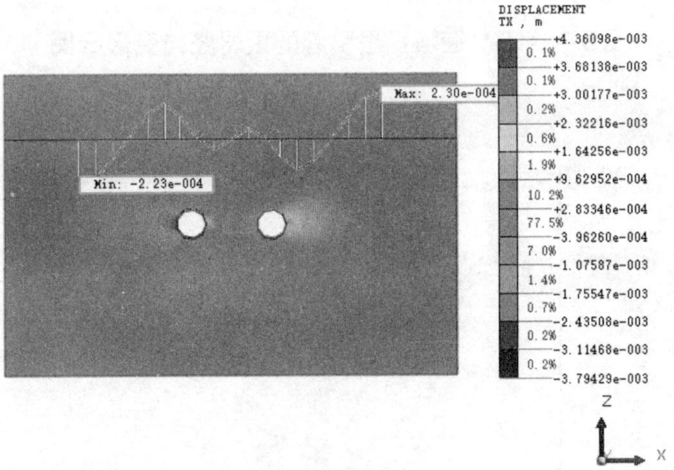

(a) 纵坡坡度为10‰

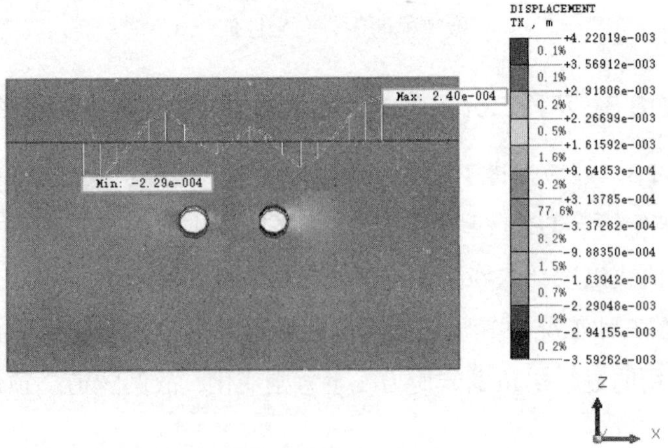

(b) 纵坡坡度为30‰

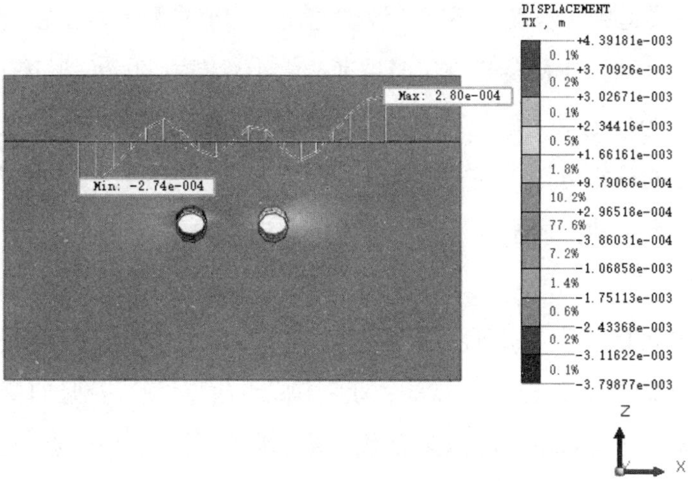

(c) 纵坡坡度为50‰

图5.9　TBM迎坡掘进引起的围岩横向变形云图

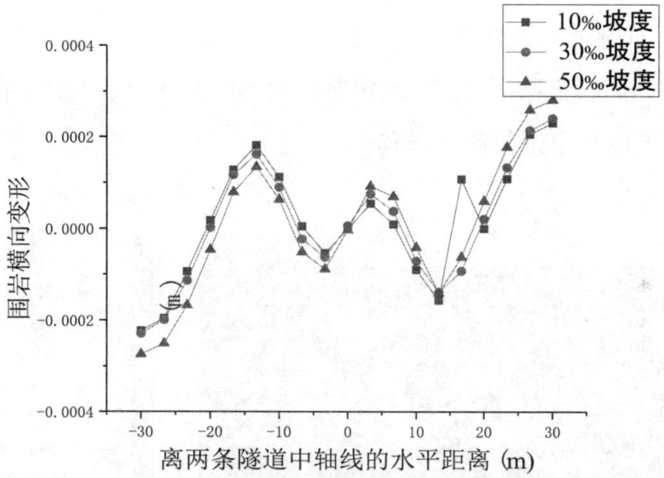

图5.10　不同工况下TBM迎坡掘进引起的围岩横向变形

由不同工况下TBM迎坡掘进引起的围岩横向变形云图及折线图可知：

1）三种不同坡度下，TBM迎坡掘进时，两隧道截面位置围岩的横向位移最大值出现在拱腰处，左侧隧道左拱腰围岩沿x轴负向收敛变形明显，右侧隧道右拱腰围岩沿x轴正向收敛表明显。

2）隧道围岩在三种工况中其围岩横向位移沿两隧道距离中轴线呈中心对称分布，两隧道距离中心点处横向位移基本为零。

3）三种工况中左侧隧道围岩横向变形值自左拱腰处由正值变为负值，且数值逐渐减小，右侧隧道围岩横向位移值自右拱腰处由负值变为正值，且数值逐渐增大。

4）由于TBM隧道施工坡度的不同，坡度越大，隧道拱腰围岩位置横向位移值越大。

根据上述分析可知，TBM隧道施工时坡度的大小对围岩的横向变形存在一定的影响，但影响较小，横向变形的最大值也只有2.7×10^{-4}m，且围岩横向变形仅在拱腰位置收敛。从前节对围岩应力的分析可知，迎坡隧道开挖时围岩应力集中在拱腰位置，且拱腰围岩应力相对于拱底拱顶大，故围岩横向变形规律与围岩应力的分布规律一致，同样也验证了模型的准确性。

综合分析围岩竖向变形及横向变形可知，围岩竖向变形和横向变形的最大值分别为7.38×10^{-4}m、2.7×10^{-4}m，故隧道坡度的大小对围岩的横向变形及竖向变形都存在一定的影响，但影响不大，尤其对围岩的横向变形。隧道坡度对围岩变形的影响主要集中在隧道拱顶、两侧拱腰三处关键位置，且与围岩应力集中点相对应。

5.2.2.3 TBM迎坡掘进引起的地表变形分析

TBM迎坡掘进时会对地面造成扰动，地面沉降量是分析隧道稳定性的一项重要指标，沉降量过大会对隧道上部建筑物造成损坏，因此选取三个工况（坡度分别为10‰、30‰、50‰）开挖面后隧道截面位置地表沉降云图如图5.11所示，并根据云图将地表沉降值绘成折线图如图5.12所示进行深入研究。

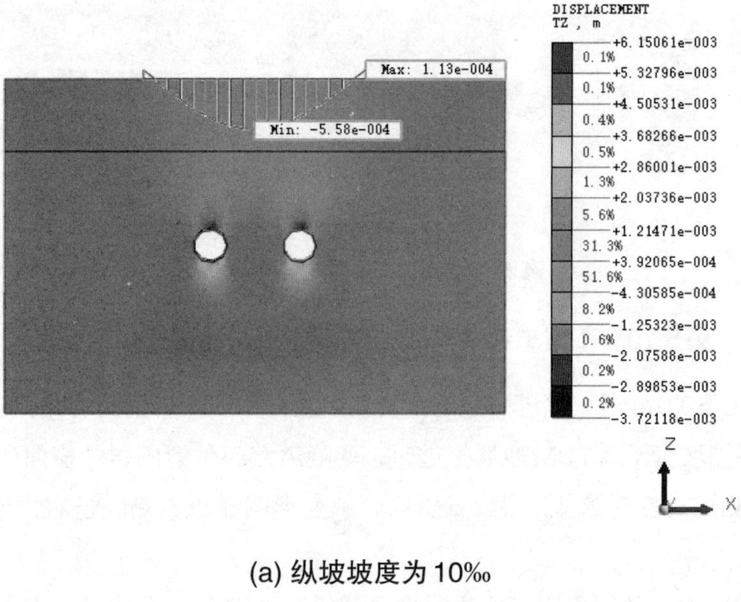

(a) 纵坡坡度为10‰

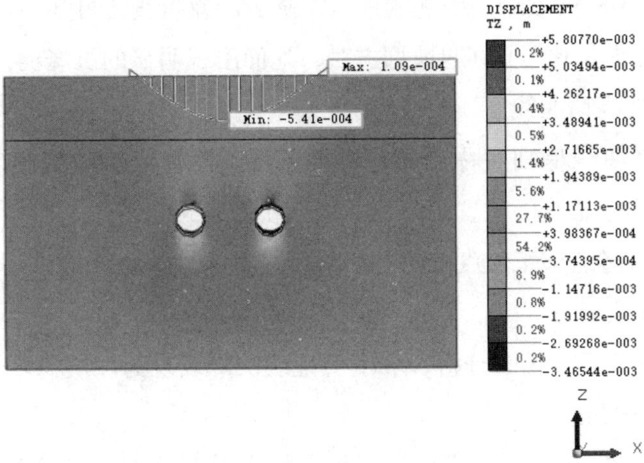

(b) 纵坡坡度为 30‰

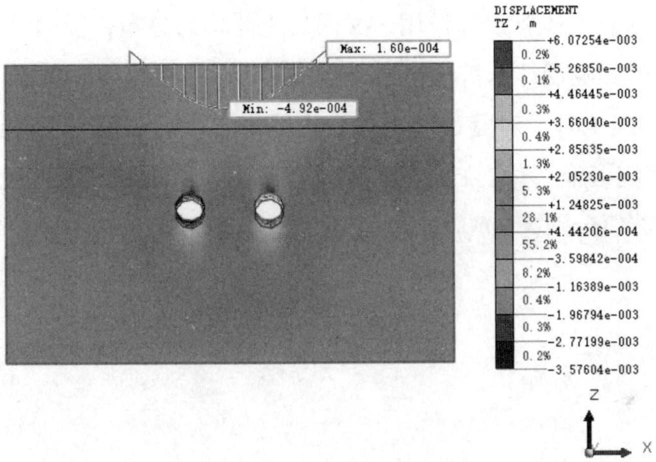

(c) 纵坡坡度为 50‰

图 5.11　TBM 迎坡掘进引起的地表沉降云图

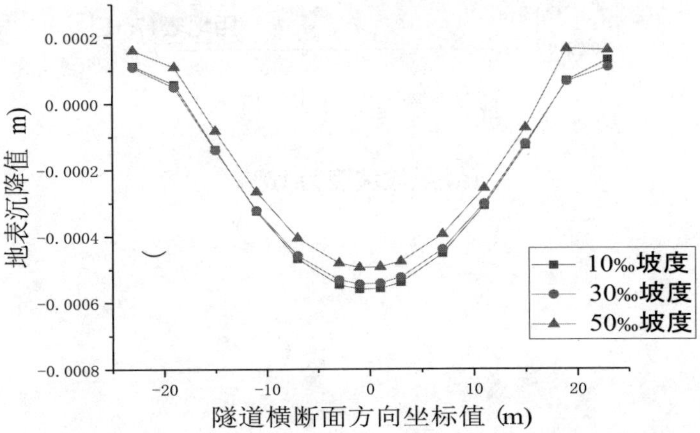

图 5.12　不同工况下 TBM 迎坡掘进引起的地表沉降

由三种坡度下TBM迎坡掘进引起的地表沉降云图及折线图可知：

（1）三种不同坡度下，TBM迎坡掘进时，地面出现明显的沉降槽，沉降槽形状为“单峰”形式，形状近似高斯曲线。

（2）地面沉降曲线呈轴对称分布，在两条隧道距离中轴线处地表沉降值达到最大值，远离两隧道距离中轴线的位置沉降值逐渐减小。

（3）由于TBM隧道施工坡度的不同，坡度越大，地表沉降值越小，尤其地表沉降峰值变化最为明显。

（4）根据地表沉降折线图分析，坡度对地表沉降表现为坡度每增加20‰，地表沉降最大递减量为1.5×10^{-4}m。

根据上述分析可知，TBM隧道施工时坡度的大小对地表沉降存在一定的影响，且坡度越大，地表沉降值越小。由前节定性分析可知，坡度的增大会使TBM掘进力的竖向分力增大，对隧道上部岩土体有顶起作用，又因岩土体均匀分布，竖向分力继而传至地表，故坡度对地表沉降的影响规律与坡度对围岩竖向变形的影响规律一致。

由于TBM隧道施工时会对隧道周围的岩土体产生扰动作用，且根据上述对围岩变形的分析可知，TBM隧道施工对围岩的竖向变形及地表沉降影响显著，故如图5.13、5.14和5.15所示给出了纵坡值分别为10‰、30‰、50‰时，对距离地表不同位置的沉降曲线进行进一步分析。

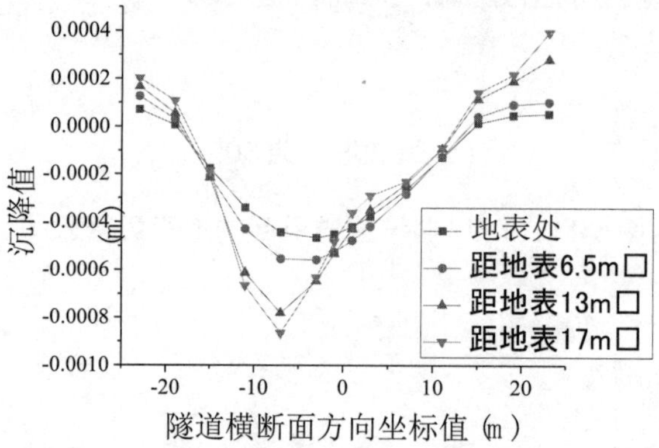

(a) 纵坡坡度为10‰

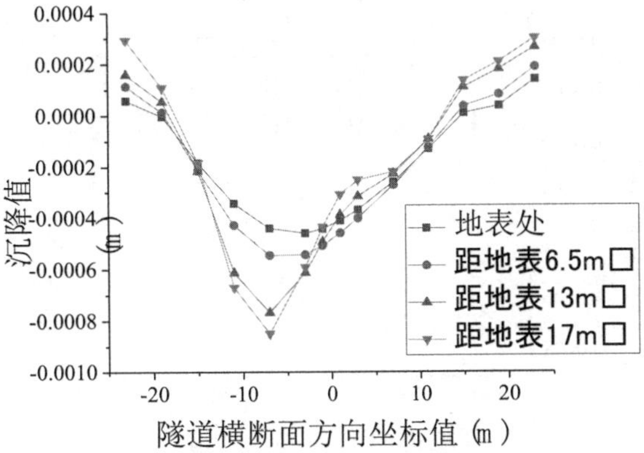

(b) 纵坡坡度为 30‰

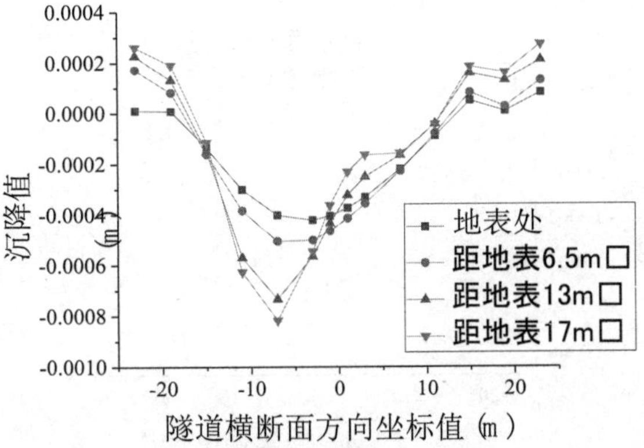

(c) 纵坡坡度为 50‰

图5.13　三种工况下开挖面处地层竖向变形曲线

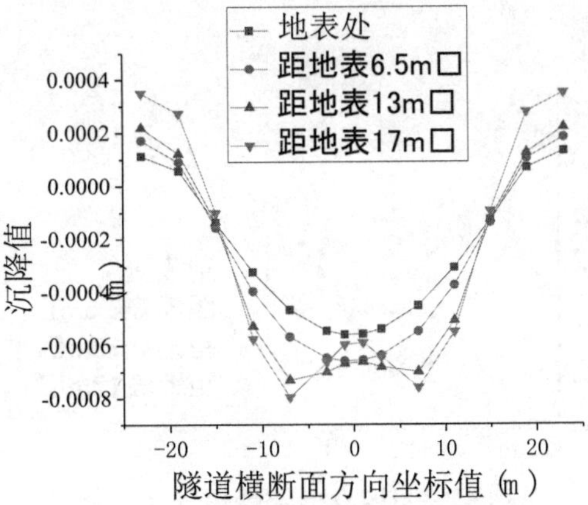

(a) 纵坡坡度为 10‰

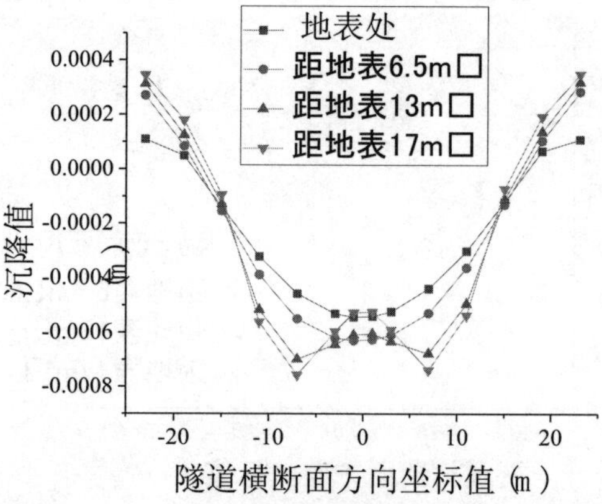

(b) 纵坡坡度为30‰

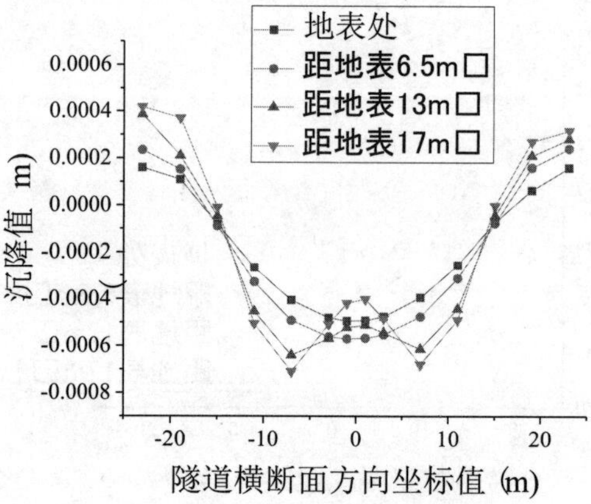

(c) 纵坡坡度为50‰

图5.14　三种工况下开挖面后地层竖向变形曲线

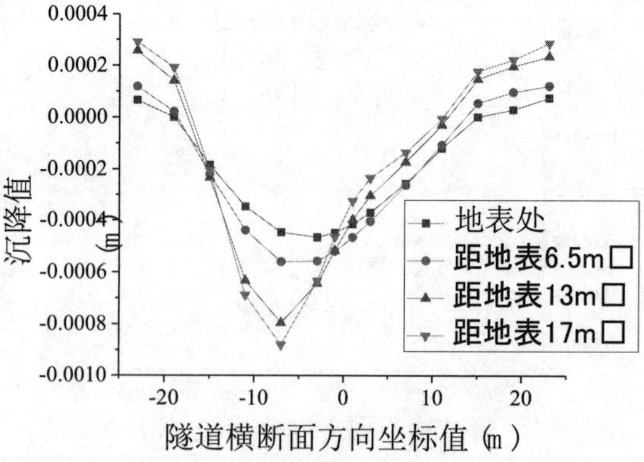

(a) 纵坡坡度为10‰

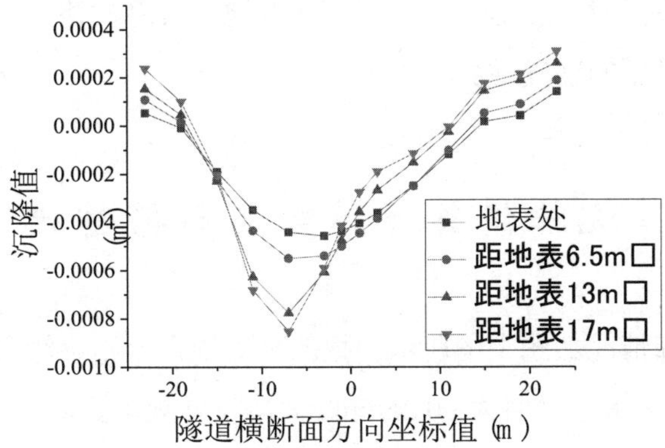

(b) 纵坡坡度为 30‰

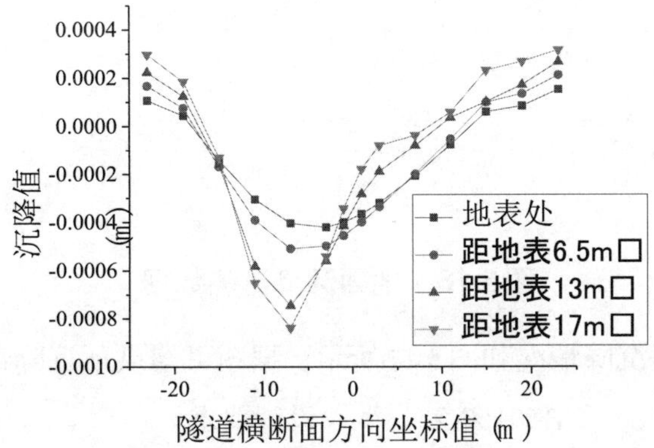

(c) 纵坡坡度为 50‰

图5.15　三种工况下开挖面前地层竖向变形曲线

由图5.13、5.14、5.15可知：

（1）三种不同坡度中，开挖面后隧道截面随着地层深度的增大，沉降槽均由“单峰”变为“双峰”，且沉降值峰值随之增大，开挖面及开挖面前隧道截面均为“单峰”。

（2）开挖面处隧道截面沉降曲线均沿两隧道中轴线呈现轴对称分布，自地表向下6.5m范围内，地层沉降的峰值均在两隧道距离中轴线处出现，而自地表向下13m至隧道拱顶范围内，地层沉降的峰值均在两隧道拱顶处出现，开挖面及开挖面前隧道截面沉降曲线峰值偏向已开挖完成的左线隧道。

（3）三种不同坡度下，开挖面后隧道截面在距地表17m至隧道拱顶范围内，两隧道距离中轴线位置沉降值随坡度的增大而减小。

（4）三种坡度中，三个截面位置沉降曲线峰值均随隧道坡度的增大而减小。

根据上述分析并结合围岩变形以及围岩应力，由于双线隧道埋深为25m左右，且隧道所在岩层为岩性较好的砂质泥岩，故TBM隧道施工对隧道周围岩体扰动程度较地表小。由于围岩应力多集中于隧道拱腰位置，故接近隧道拱顶的地层，沉降曲线均为“双峰”。

综合分析可知，坡度不同时，隧道围岩变形规律及地表沉降规律均与围岩应力分布规律一致，更进一步验证了模型的准确性。

5.3 理论计算沉降值与现场监测数据对比

掘进期间地面沉降情况如图5.16所示，据图可知刘家台站—鲤鱼池站右线地面沉降最大值为−7.6mm，变化速率最大值为−0.25mm/d，均符合规范要求。

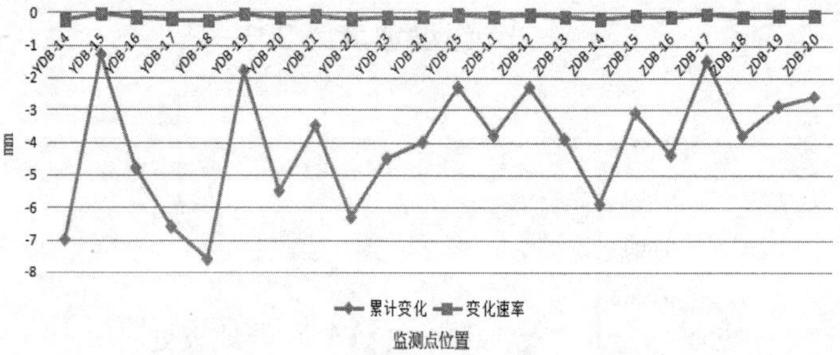

图5.16　地面沉降监测数据

掘进期间隧道拱顶沉降情况如图5.17所示，据图可知拱顶沉降最大值−1.1mm，沉降值满足《地铁设计规范》（GB50157-2013）及设计要求。

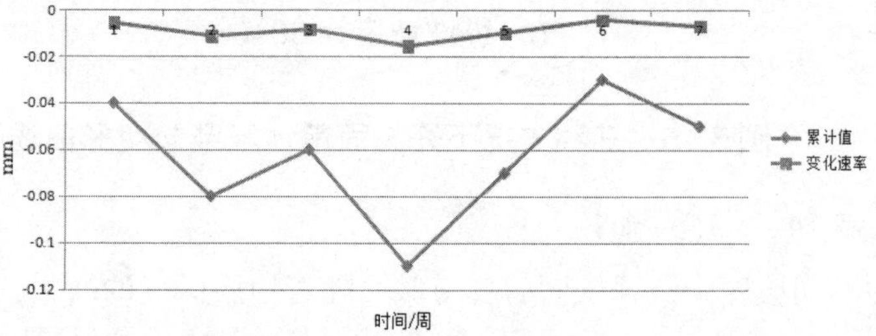

图5.17　拱顶沉降监测数据

掘进期间隧道洞内收敛情况如图5.18所示，据图可知收敛变化最大值−2.4mm，变化值满足《地铁设计规范》（GB50157-2013）及设计要求。

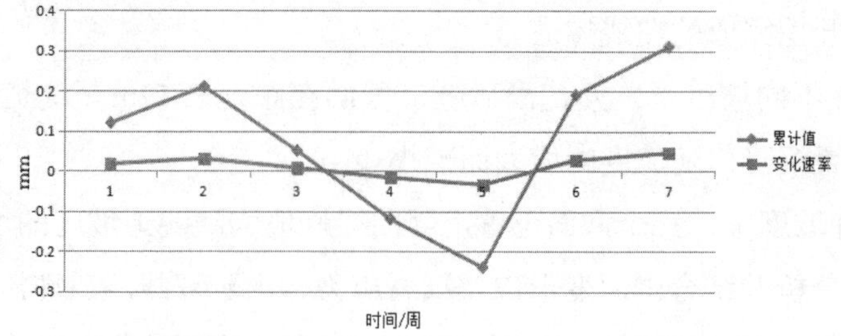

图5.18　洞内收敛监测数据

取刘家台站—鲤鱼池站区间30‰坡度附近监测点沉降数据，提取沿隧道横断面方向地表各点的沉降值，与本章上文理论计算、数值模拟结果进行对比，如图5.19所示。由图可知，数值模拟计算曲线和理论计算曲线与实际现场沉降趋势基本一致，数值略大。由此可得针对本地段岩层模拟分析的参数取值能够反映实际情况，模拟计算结果具有良好的可靠性。

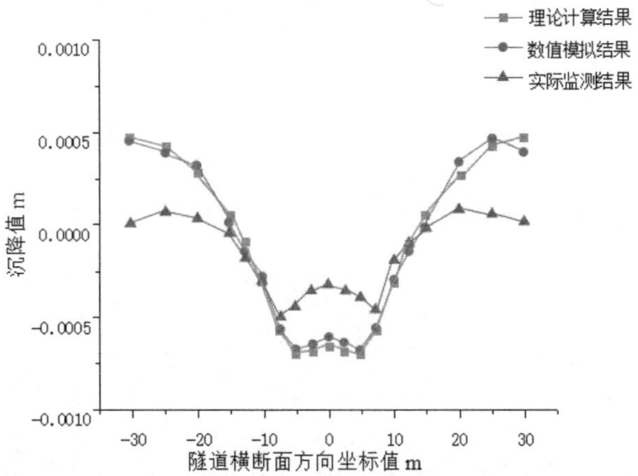

图5.19　地表沉降模拟和理论计算结果

5.4 本章小结

本章依托重庆市地铁九号线1期工程刘家台站—鲤鱼池站区间的工程背景，采用MIDAS GTS NX以及Origin软件对不同隧道坡度引起的隧道周围地层稳定性进行分析，主要得出以下结论：

（1）对于TBM迎坡掘进的隧道而言，围岩应力主要集中出现在两隧道拱腰位置，且两隧道中间岩柱处围岩应力较隧道两侧围岩应力大。由于隧道对上部岩土体的开挖卸荷作用，隧道拱顶位置也出现围岩应力的急剧变化，上述规律即为形成迎坡隧道沉降曲线的力学机理。

（2）根据模型的计算结果可得，TBM迎坡掘进时产生的围岩竖向变形及地表沉降均出现了位移值随着坡度的增大而减小的趋势，且围岩竖向变形曲线及地表沉降曲线均沿两隧道距离中线呈轴对称，而围岩的横向变形曲线沿两隧道距离中线呈中心对称，且坡度对围岩的横向变形影响甚微。

（3）为了对比三种坡度下距地表不同位置的地层竖向位移，选取地表、地表向下6.5m、13m、17m三个地层处进行分析，隧道坡度越大，地层竖向位移值越大。随着地层深度的增大，沉降曲线由“单峰”变为“双峰”，且地层深度越大，沉降曲线受围岩应力的影响越大。

（4）由于迎坡隧道与平坡隧道开挖对地表沉降的影响不同，则隧道上方同一位置的建筑物也会出现不同的响应，在应对地表沉降对建筑物的损坏时采用的措施也存在差异性。一定坡度的迎坡隧道开挖会使地表沉降减小，但迎坡坡度过大再加之隧道埋深较浅，则会对地表有隆起作用，同样造成周围建筑物的损坏，故迎坡隧道的开挖要适当控制坡度。

第 6 章　砂质泥岩地层大纵坡隧道 TBM 施工风险控制

前文从砂质泥岩大纵坡隧道TBM施工开挖面安全风险、管片受力及变形、注浆压力对围岩和管片影响、超挖风险、迎坡掘进对地层影响等几个方面进行研究。针对前文的研究工作，有针对性地研制特定的安全措施，指导现场安全施工。

6.1 大纵坡施工处理方法

（1）千斤顶推力控制

“大纵坡”控制措施主要为推进力的控制。在掘进机施工过程中，自动化记录了主推进力（kN）、电机功率（kW）、扭矩（kN·m）以及速度（mm/h）等内容，如图6.1所示。由本书4.1节大纵坡隧道TBM施工开挖面力学问题研究可根据坡度预先计算开挖面极限支护力，调节土压力设定值，确保上方的岩土通常不会被隆起或隆起得更少。

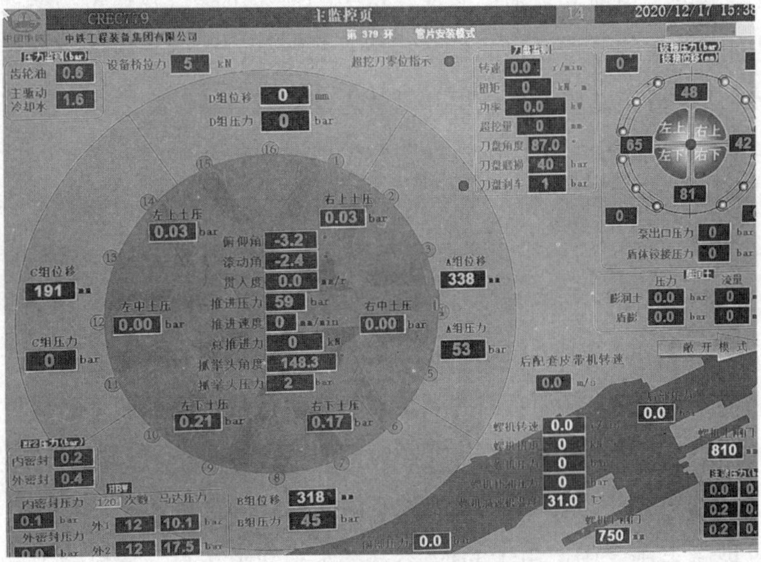

图6.1 掘进过程控制面板

在大纵坡上坡隧道施工时，掘进机的前部较重，在TBM隧道中有倾翻的趋势。为了确保TBM隧道的正确方向，在推进过程中必须增加下部TBM的驱动压力。所以当在斜坡上前进时，必须增加千斤顶的推力，以补偿刀头的重量。但增加的推力应以极限支护力为限值，避免造成开挖面前方岩土隆起。

（2）管片拼装措施

由本书4.2节大纵坡TBM隧道施工管片受力及变形分析可以看出：减小TBM千斤顶推力可减小管片间作用力；合理选取TBM推进千斤顶编组，均衡TBM对每块管片的推力，避免作用力集中；杜绝TBM千斤顶左右分区大推力差纠偏，保证管片受力均匀。

除控制千斤顶的推力外，分段装配也是大纵坡隧道施工的重要组成部分。推进完成后，调整TBM隧道角度，使其接近隧道施工轴线的斜率，并减小到护罩端部的距离，以实现平衡且稳定的状态，便于组装。

在大纵坡上坡隧道施工时，为了保证机器向上抬头的姿态，在管片点位选择更多的顶部点，在下坡隧道施工时，选择更多的下部点位进行拼装。推进每个环后必须拧紧管片连接螺栓，随着下一环的前进而重新拧紧当前环段的连接螺栓，以克服由该段的推力产生的垂直分力并减少环隧的飘动。

（3）同步注浆

由本书4.3节注浆压力对大坡度TBM隧道围岩及管片结构的力学影响分析，进行注浆施工应注意以下四个方面：

1）控制地层变形。由于TBM刀头的开挖直径大于管段的外径，因此在将管片组装并从屏蔽尾部拉出后，在管片和土层之间会形成一个环形间隙，称为盾尾间隙。如果未能及时填充此间隙将不可避免地导致地层变形，更大的地表沉降以及建筑物结构的沉积或隧道的位移。盾尾间隙注浆的最重要目的是及时填充此间隙，以防止由于存在间隙而形成较大的变形。在管片盾尾分离之后，岩土层和管片之间会有缝隙，此时，注浆液将迅速及时地填充空隙，这可以大大减少岩土层的运动并减少地表面的变形。

2）使用一定的早期强度浆料及时填充盾尾的空隙，并确保管片的早期和后期稳定性。TBM隧道是一种结构稳定的结构，是管片和围岩共同作用。均匀、密集地在管段背面的间隙中注入填充浆液是确保土压力均匀作用的先决条件。

3）针对变坡度掘进对围岩扰动较大的缺点，采取同步加大注浆及推进一环后补充注浆的方式解决。作为大纵坡管片后面的灌浆材料，最好使用高膨胀率速凝材料，该材料在注入后体积的变化很大，其强度可以迅速超过围岩强度。当下坡开挖时，浆液从管片后进入开挖面的可能性极大，因此，施工时应注意注浆材料的选择和质量管控。

4）在大纵坡隧道施工中，由于TBM不是在水平轨道运行，盾尾与土层间隙也相应倾斜，在注浆过程中，容易出现浆液受重力影响造成的缺浆少浆现象，最终造成盾尾间隙不密实，进而导致地层变形。或者由于注浆不密实造成管片处于悬空状态，悬空状态的管片受力状态较差，不同管片受力不均极易发生错台。

为避免以上危险的产生，主要应从施工工艺入手，结合施工前注浆压力计算，避免出现少浆和注浆压力过高等现象。

6.2 大纵坡管片上浮控制

（1）管片上浮原因

管片上浮是复合式TBM隧道施工过程中的常见现象，危害是管片裂缝，在严重的情况下，可能会发生接缝泄漏、错位以及节段混凝土损坏或开裂，变形较大情况可侵入建筑物限界。上浮原因如下：

1）管片使用同步注浆。由于浆液的浮力大于管片重量，因此直接导致管片上浮。

2）围岩具有良好的自稳定能力，地下水进入隧道后不易分散，在管片下产生浮力，导致管片上浮。

（2）控制主要措施

1）在隧道作业期间，根据管片位移的数值模拟统计值，将掘进机的轴线预先设置为适当的限值。如果该管片离开盾尾隧道整体上是上浮的，但尽可能地控制隧道的轴线中心符合设计要求，目的是确保管片的位移不达到侵入极限。

2）如果使用同步注浆填充管片背后，则应通过改善注浆参数，减少初始凝固时间，及时和完整地灌封，增强灌封质量并及时对第二层衬层进行灌浆，目的是稳定管片。

6.3 砂质泥岩大变形控制措施

通过不良地质地段时合理选择优化掘进参数，积极开展施工地质超前预报工作，必要时进行超前处理及进行临时支护，从而达到安全施工的目的。

（1）围岩收敛率及采取措施

由于隧道围岩收敛会抱死复合式TBM盾壳，在一定的时间间隔内发生概率较大。为了降低TBM此类故障的风险，复合式TBM应该保持快速开挖。对于重庆市的地质条件，特别是对于砂质泥岩地层，有必要将因刀具更换或其他TBM隧道施工因素引起的停工时间减至最少，并避免在围岩的破裂部分停机。具体方案如下：

1）持续掘进。掘进机尽可能少停机，保持掘进机始终处于运动中。依据4.2节管片受力及变形分析模型计算，换刀等维护保养时间选择收敛最小的围岩范围内进行。

2）超挖。在进行变坡度时，需要用扩挖刀加大开挖直径，加快速度尽快通过。可以通过各种手段扩大洞壁和掘进机盾体之间的空隙或其他组合实现超挖操作。依据4.4节

TBM施工超挖风险分析模型，控制超挖量，做到超挖小盾壳抱死与超挖大造成地表沉降之间的平衡。

（2）超前地质预报

查阅研究地质勘察报告发现可能存在的不利条件，预测地质条件的变化对施工的影响，如是否有断层和破碎带、富水地层等。

根据开挖出的岩渣，对岩渣的岩性及变化趋势做出判断。

根据掘进机的运行参数做出判断。如果推进力等参数发生突变，极大可能是围岩条件发生变化。

重庆市该地铁施工段采用的超前地质预报方法如下：

1）采用地质雷达扫描的超前地质预报法。

2）利用超前预报小钻机进行工作。对钻速、岩渣特征、含泥量、出水量等情况综合判定。

3）开挖面观察。通过观察口对岩性、出水量等做出开挖面稳定性分析，判断前方围岩情况。

通过超前地质预报，可以对TBM隧道施工提供地质情况分析，遇到不良地质环境采取相应的措施，保证掘进机安全通过。

6.4 施工安全监测

（1）监测范围：隧道自身结构和工程结构外缘两侧30m范围内的地下、地上建筑物、重要管线、地面及道路、桥梁以及已建成地铁隧道。

（2）监测项目：包括地面和道路沉降、周边建筑沉降倾斜开裂、地下重要管线沉降、桥墩柱台沉降、隧道内收敛值、拱顶下沉量、围岩与支护结构间压力、钻爆法爆破地面震动速度、地下水位、已建成地铁隧道沉降等。

其中建筑倾斜监测采用差异沉降法，在测出建筑沉降值后，按公式(6-1)进行倾斜计算，如图6.2所示。

$$tg\theta = \Delta s / b = S_2 / H \tag{6-1}$$

式中：S_2——为所求建筑物水平位移；

θ——为所求建筑物水平位移产生的倾斜角；

b——建筑物宽度；

Δs——建筑物的差异沉降；

H——建筑物高度。

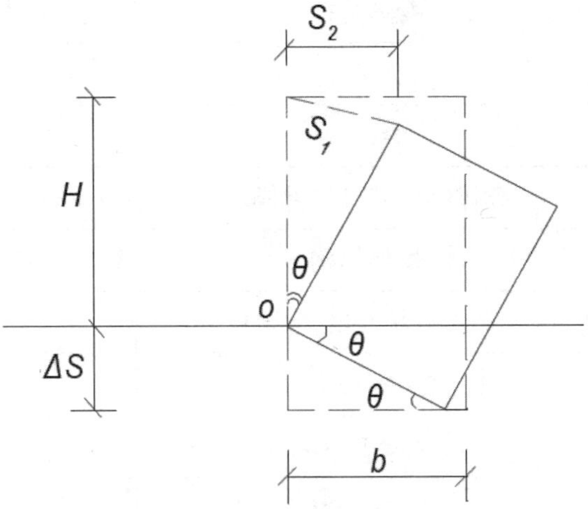

图6.2　建筑倾斜计算示意图

（3）监测项目控制值：依据《城市轨道交通工程测量规范》（GB50308-2008）结合相关规范、规程、设计资料及类似工程经验选取重庆该项目控制基本值，见表6.1、表6.2，分别为隧道监测和穿越建筑变形允许值。

表6.1　隧道监测允许值

序号	监测项目	允许位移控制值 (mm)
1	地表沉降	30
2	拱顶沉降	30
3	水平收敛	20

表6.2　穿越建筑变形允许值

序号	监测项目	变形特征	最大变形允许值
1	建筑物沉降	桩基沉降	10mm
		天然地基沉降	30mm
2	管线倾斜沉降	承插式铸铁水管、砼水管接头之间局部倾斜值	0.0025 绝对沉降不应大于 30mm
		焊接水管接头之间局部倾斜值	0.006 绝对沉降不应大于 30mm
		焊接煤气管接头之间局部倾斜值	0.002 绝对沉降不应大于 10mm

（续表）

序号	监测项目	变形特征	最大变形允许值
3	地面道路沉降	沉降值	30mm
		隆起值	10mm
4	建筑沉降差（地基变形）	砌体结构基础局部倾斜	0.003
		框架结构	0.003
		砖石墙填充的边排柱	0.001
		24 ＜ H≤60	0.003
		64 ＜ H≤100	0.002
		H ＞ 100	0.0015

（4）监测设备：投入重庆该工程的主要测量、监测仪器配置见表6.3。

表6.3　仪器设备表

序号	仪器设备名称	规格型号	数量	用途
1	全自动电子水准仪	NA2002	6	测量
2	全站仪	TS90	5	测量
3	收敛仪	GY85	8	监测
4	测斜仪	KE400	8	监测

（5）监测资料的处理、分析和反馈：采集的数据经过计算软件处理，形成各个分项报表，包括地面沉降监测表、建筑物沉降监测表等。采用比较法、作图法和数值模拟物理模型，分析各监测物理量值大小、变化规律、发展趋势，以便对工程的安全状态和应采取的措施进行评估决策。监测流程图见图6.3。

建立监测工作和5.2节地面沉降数值模型计算的有效联系方法，对比计算结果和实际监测数据，当有异常数据时及时反馈，确定下一步处理方案。根据管片和地面及周围建筑变形监测结果，验算复合式TBM推进参数及同步注浆量，修正注浆参数和施工方法，必要时可进行二次补充注浆来有效抑制建筑物、管线及隧道变形。施工过后坚持监测密度，根据监测数据指导施工，同时对已通过地段进行补强注浆，注浆时同时严密监测，直到建筑物的沉降稳定为止，为施工安全提供支持。

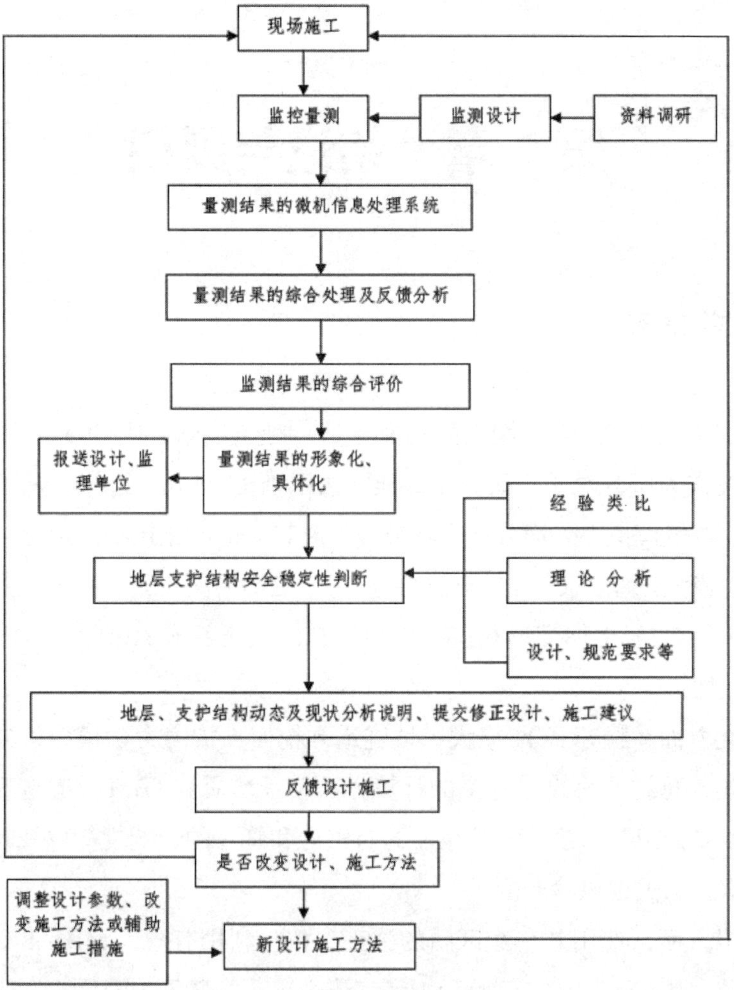

图6.3 监测流程图

6.5 本章小结

针对大纵坡的施工难点，总结分析相应技术难点和解决措施。从该工程监测数据来看，依据前章研究成果，采取上文所述安全控制措施，效果良好，整体地面沉降、围岩变形、隧洞收敛值均小于理论计算和数值模拟值。

目前，我国城市地铁建设处于迅速发展期，在安全和速度方面TBM隧道显示出优势。重庆市地铁九号线1期工程刘家台站—鲤鱼池站区间大纵坡TBM隧道施工难点和特色鲜明，采取技术措施后效果明显，是TBM隧道施工领域的典型案例，希望对以后类似工程起到借鉴作用。

第7章　结论与展望

7.1 本书结论

本书以重庆市地铁九号线1期工程刘家台站—鲤鱼池站区间TBM隧道施工为背景，不同坡度大纵坡作为研究对象，研究了砂质泥岩隧道TBM施工过程，从理论研究、相似材料模型试验、数值模拟三方面分析了隧道施工及其对地上建筑物的影响。

在相似材料模型试验方面，结合先进的应力、变形监测手段，系统研究特定地层条件TBM隧道掘进引起的岩土体变形和应力作用机制，保证了施工风险分析的正确性和指导工程实践的有效性。

在理论研究方面，构建了TBM大纵坡隧道开挖面支护力力学模型，分析开挖对围岩及地上结构影响，总结了大纵坡隧道的计算方法。系统研究TBM隧道施工开挖面受力和变形规律、管片受力及变形规律、注浆压力对围岩和管片的影响规律以及超挖对地表和管片的影响等隧道施工关键风险问题。

在数值模拟方面，选用刘—鲤区间的施工参数，利用有限元MIDAS GTS NX软件分别研究开挖面受力和变形规律、管片受力和变形情况、注浆压力对围岩和管片的影响、超挖对地表和管片的影响等。

通过上述研究，获得如下结论：

（1）相似模型材料试验结果表明：开挖后受覆岩重力影响拱顶开始下沉，最终状态基本符合经典Peck公式；管片支护对减少地表沉降效果明显；管片受力特征从拱顶到拱底逐渐减小，验证了围岩变形、覆岩下沉和地表沉降的过程和规律。

（2）建立TBM岩体开挖面破坏模型，提出开挖面极限支护的计算公式后发现：TBM开挖面土体应力随坡度增大而减小，表明坡度增大开挖面愈加不稳定，容易失稳；相同工况下岩体的抗剪强度越大，开挖面极限支护力越小。

（3）不同纵坡条件下的数值模拟结果发现：通过对不同坡度下管片轴力的分析，发现隧道坡度的改变不影响管片轴力的分布规律，沿隧道通行方向管片整体承受压力。随着隧道坡度的增加，作用于管片上与隧道轴线相平行的力逐渐增加，使管片发生径向位移的压力在逐渐减小，管片承受的最大轴向压力也在不断减小。不同坡度隧道管片结构弯矩针对注浆压力作用的响应不同，对于平坡隧道而言，其管片结构弯矩在前两环内一直减小，而大坡度隧道管片结构拱顶弯矩在前两环内先增再减，拱底弯矩则一直增加。

本研究对大纵坡砂质泥岩TBM隧道围岩和管片稳定性及注浆支护技术具有重要的科学意义和借鉴价值。

7.2 本书研究的创新点

本书紧密结合地铁建设工程中急需的理论指导问题，利用前期调研、理论研究、数值模拟验证、现场监测、工程应用等研究手段，通过对大纵坡砂质泥岩隧道TBM施工引起的一系列问题进行了创新性研究工作，挖掘出了砂质泥岩大纵坡隧道TBM施工过程一系列新的特征和新的规律，并提出了开挖面极限支护力的新型预测公式。通过大量研究工作，取得的创新点为：

（1）在平坡条件下开挖面极限支护力研究基础上，引入坡度角概念，建立了迎坡掘进条件下开挖面极限支护力计算模型，发展了适用于重庆地区砂质泥岩大纵坡隧道TBM施工开挖面预测模型。

（2）结合重庆市地铁隧道工程实际，详细研究了砂质泥岩大纵坡隧道TBM施工过程中管片受力及变形规律，探讨了注浆压力对围岩和管片影响，探究了超挖风险与迎坡掘进对地层变形的影响，综合数值模拟扩展理论研究和分析对比研究，获取了砂质泥岩大纵坡隧道TBM施工条件下围岩变形模式、覆岩下沉特征和地表沉降规律。

（3）基于大纵坡砂质泥岩隧道TBM施工引起围岩变形和地面沉降效应，研究提出了基于地表沉降风险控制的大纵坡隧道TBM施工优化方案，对大纵坡隧道工程的设计施工提供了重要参考，为之后大纵坡隧道设计优化、TBM安全施工等提供了科学依据。

7.3 展望

由于TBM隧道施工的复杂性、不同地质条件的独特性，大多研究都是基于理论或有限元软件进行。本书仅研究了大纵坡砂质泥岩TBM隧道施工中的开挖面、管片、注浆等问题，在理论工作中做了一些假定，在数值模拟中没有全面考虑各项因素和参数。因此，一些问题在之后的研究中还需要进一步学习讨论：

（1）理论研究方面，仅仅将开挖面等效成锥形结构，继而将曲面问题转化为平面问题，对沉降及内力的研究有一些误差，后期研究可使得到的应力及变形值精度更高。

（2）数值模拟方面，简化后的力学模型与实际工程项目存在一定的差异，如没有考虑注浆固结时间的因素对围岩变形的影响、没有考虑地下水压力的影响、没有考虑围岩变形进而导致地表沉降的时间延续性问题，这就造成了实际监测数据和数值模拟结果的差异。

参考文献

[1] Peck R B. Deep excavations and tunnelling in soft ground[J]. Proc. 7th Int. Conf. on SMFE. State of the Art Volume. Mexico: Balkema, 1969, 225-290.

[2] Atkinson J H, Potts D M. Subsidence above shallow tunnels in soft ground[J]. Journal of Geotechnicat Engineering, 1977, 103(4): 307-325.

[3] O'Reilly M P, New B M. Settlement above tunnels in the United Kingdom-their magnitude and prediction[A]. Proceedings of Tunnelling'82 symposium, Jines MJ, ed[C]. London: Institution of Mining and Metallurgy, 1982: 173-181.

[4] Lo K Y, Rowe R K. Prediction of ground subsidence due to tunneling in clays[M]. London: University of Western Ontario, 1982: 10-82.

[5] Rowe R K, Kack G J. A theoretical examination of settlements induced by tunneling Four Case Histories[J]. Canadian Geotechnical Journal, 1983(20): 299-314.

[6] Attewell P B, Woodman J P. Predicting the dynamics of ground settlement and its derivatives caused by tunneling in soil[J]. Ground Engineering, 1982, 15(8): 13-20+36.

[7] 刘建航，侯学渊. 盾构法隧道[M]. 北京: 中国铁道出版社，1991.

[8] Sagaseta C. Analysis of undrained soil deformation due to ground loss[J]. Geotechnique, 1987, 37(3): 301-320.

[9] Sagaseta C. Author's reply to Schinidt[J]. Geotechnique, 1988, 38(4): 647-649.

[10] Verruijt A, Booker J R. Surface settlements due to deformation of a tunnel in an elastic half plane[J]. Geotechnique, 1996, 46(4): 753-756.

[11] Park K H. Elastic solution for timneling-induced ground movements in clays[J]. International Journal of Geomechanics, 2004, 4(4): 310-318.

[12] 姜忻良，赵志民. 镜像法在隧道施工土体位移计算中的应用[J]. 哈尔滨工业大学学报, 2005, 37(6): 801-803.

[13] 丁智. 盾构隧道掘进对邻近建筑物影响及变形预测研究[D]. 杭州: 浙江大学, 2014.

[14] 魏纲，徐日庆. 软土隧道盾构法施工引起的纵向地面变形预测[J]. 岩土工程学报，2005(09): 1077-1081.

[15] 魏纲，王霄，张鑫海. 多因素下双线盾构隧道施工引起的土体变形研究[J]. 现代隧道技术, 2018, 55(03): 130-139.

[16] 林存刚，张忠苗，吴世明，等．软土地层盾构隧道施工引起的地面隆陷研究[J]．岩石力学与工程学报，2011, 30(12): 2583-2592.

[17] 武崇福，魏超，乔菲菲．既有上部建筑荷载下盾构施工引起土体附加应力分析[J]．岩石力学与工程学报，2018, 37(07): 1708-1721.

[18] Litwiniszyn J. The theories and model research of movements of ground masses[C]. Proceedings of the European Congres Ground Movement. Leeds, UK: [s. n.], 1957: 203-209.

[19] LIU B C. Ground surface movements due to underground excavation in the People's Republic of China[C]. HUDSON J Aed. Comprehensive Rock Engineering. [s. l.]: Pergamon Press, 1993: 781-817.

[20] 施成华，彭立敏．随机介质理论在盾构法隧道纵向地表沉降预测中的应用[J]．岩土力学，2004(02): 320-323.

[21] 韩煊，李宁．隧道开挖不均匀收敛引起地层位移的预测模型[J]．岩土工程学报，2007(03): 347-352.

[22] Melis M, Medina L, Rodriguez J M. Prediction and analysis of subsidence induced by shield tunneling in the Madrid metro extension[J]. Canadian Geotechnical Journal, 2002, 39(6): 1273-1287.

[23] 王忠昶，王熙文，唐静．地铁盾构隧道施工对地层变形影响的三维数值模拟[J]．大连交通大学学报，2018, 39(03): 100-103.

[24] 张晨烁．基于刚度迁移法的盾构施工地表沉降的数值模拟研究[A]．北京力学会第二十五届学术年会会议论文集[C]．北京：北京力学会，2019: 4.

[25] 隋涛．小净距曲线盾构隧道的三维数值模拟分析[J]．特种结构，2019, 36(01): 21-24.

[26] 冯慧君，俞然刚．双线隧道盾构掘进对地表沉降影响的数值分析[J]．铁道工程学报，2019, 36(03): 78-83.

[27] 杨俊龙．盾构隧道下穿人防通道数值分析及现场测试研究[J]．中国市政工程，2019(02): 93-96+142-143.

[28] Kuwahara H. Ground deformation mechanism of shield tunneling duo to tail void formation in soft clay[A]. International Conference on Soil Mechanics and Foundation[C]. The Netherlands, 1997: 1457-1460.

[29] Toshi Nomoto, Shiniehiro Imamura, Toshiyuki Hagiwara. Shield Tunnel Construction inCertrifuge[J]. Journal of Geotechnical and Geuenvironmental Engineering. 1999, 125(4): 289-300.

[30] 刘洪源．基于模型试验与数值模拟的软弱围岩隧道拱顶坍塌特征分析[D]．青岛：青岛理工大学，2018.

[31] 李术才，宋曙光，李利平，张乾青，王凯，周毅，张骞，王庆瀚．海底隧道流固耦合模型试验系统的研制及应用[J]. 岩石力学与工程学报，2013, 32(05): 883-890.

[32] Burland J B, Standing J R, Jardine F M. Assessing the risk of building damage due to tunnelling Lessons from the Jubilee Line Extension[A]. Planning and Engineering for the Cities of Tomorrow. Second International Conference on Soil Structure Interaction in Urban Civil Engineering[C]. London: Pentech Press, 2002.

[33] 崔天麟，肖红渠，王刚．自动化监测技术在新建地铁穿越既有线中的应用[J]. 隧道建设，2008, 28(3): 359-361.

[34] 张成平，张顶立，骆建军，等．地铁车站下穿既有线隧道施工中的远程监测系统[J]. 岩土力学，2009, 30(6): 1861-1866.

[35] Cording E J, Hansmire W H. Displacement Around Soft GroundTunnels, General Report: Session IV, Tunnels in Soil [C]. Proceedings of the 5th Panamerican Congress on Soil Mechanics and Foundation Engineering. [s.l.]: 1975: 571-632.

[36] 赵运臣．盾构隧道曲线段管片破损原因分析[J]. 西部探矿工程，2002, 14(3): 73-74.

[37] 桂业琨，钱建敏．国内最小直径及小转弯的盾构隧道施工取得成功[J]. 上海建设科技，1999: 29.

[38] 李强，曾德顺．盾构施工中垂直交叉隧道变形的三维有限元分析[J]. 岩土力学，2001, 22(3): 334-338.

[39] 朱建明，林庆涛，康瑶．盾构法施工中楔形体模型滑裂面倾角的研究[J]. 岩土力学，2015, 36(S2): 327-332.

[40] 雷明锋，彭立敏，施成华，赵丹．迎坡条件下盾构隧道开挖面极限支护力计算与分析[J]. 岩土工程学报，2010, 32(03): 488-492.

[41] 胡小强．小半径大纵坡条件下盾构法施工管片受力及拼装技术研究[D]. 重庆：重庆交通大学，2017.

[42] 蔡美峰．岩石力学与工程[M]. 北京：科学出版社，2013.

[43] 徐芝纶．弹性力学简明教程[M]. 北京：高等教育出版社，2019.

[44] Rowe R K, Lee K M. Subsidence due to tunneling. Evaluation of a prediction technique [J]. Canadian Geotechnical Journal, 1992, 29(6): 941-954.

[45] 金烨．敞开式TBM施工围岩稳定性及支护参数研究[D]. 成都：西南交通大学，2010.

[46] 蔡义，张成平，闵博，杨公标．浅埋地铁隧道施工影响下含空洞地层的变形特征分析[J]. 岩土工程学报，2019, 41(03): 534-543.

[47] 曹红林．某管线隧道工程对下穿建筑物的影响分析[J]. 铁道勘察与设计，2005, (4):

32-34+41.

[48] 陈大川，胡建平，董胜华. 盾构施工对邻近浅基础框架结构影响的研究[J]. 铁道科学与工程学报，2017, 14(03): 552-559.

[49] 陈立平. 砂性隧道围岩宏细观破坏机理及控制[D]. 北京：北京交通大学，2015.

[50] 成枢，牛英杰，马卫骄. 加权灰色线性回归组合模型在高铁隧道沉降监测中的应用[J]. 测绘与空间地理信息，2018, 41(09): 4-7.

[51] 丁智. 盾构隧道施工与邻近建筑物相互影响研究[D]. 杭州：浙江大学，2007.

[52] 杜炜平. 隧道开挖地质灾害规律与防治对策研究[D]. 长沙：中南大学，2001.

[53] 方超，桂跃，施江旭，吴承坤. 隧道围岩变形的组合预测研究[J]. 昆明理工大学学报(自然科学版)，2019, 44(03): 113-119.

[54] 方洁. 盾构施工对地表临近框架结构建筑物影响分析[D]. 合肥：安徽建筑大学，2019.

[55] 宫亚峰，王博，魏海斌，等. 基于Peck公式的双线盾构隧道地表沉降规律[J]. 吉林大学学报(工学版)，2018, 48(05): 1411-1417.

[56] 官中良. 高速公路隧道中小型塌方处治方案[J]. 黑龙江交通科技，2018, 41(07): 176-177.

[57] 韩煊. 隧道施工引起地层位移及建筑物变形预测的实用方法研究[D]. 西安：西安理工大学，2007.

[58] 韩煊，李宁. 隧道施工引起地层位移预测模型的对比分析[J]. 岩石力学与工程学报，2007, 26(3): 594-600.

[59] 韩煊，Standing J R，李宁. 隧道施工引起建筑物变形预测的刚度修正法[J]. 岩土工程学报，2009, 31(04): 539-545.

[60] 何川，耿萍. 强震活动断裂带铁路隧道建设面临的挑战与对策[J]. 中国铁路，2020(12): 61-68.

[61] 何川，汪洋，方勇，等. 土压平衡盾构掘进过程的相似模型实验[J]. 土木工程学报，2012.

[62] 贺美德，刘军，乐贵平，等. 盾构隧道近距离侧穿高层建筑的影响研究[J]. 岩石力学与工程学报，2010, 29(03): 603-608.

[63] 衡朝阳，滕延京，孙曦源，等. 地铁隧道下穿单体多层建筑物评价方法[J]. 岩土工程学报，2015, 37(S2): 148-152.

[64] 侯艳娟，张顶立，李奥. 隧道施工塌方事故分析与控制[J]. 现代隧道技术，2018, 55(01): 45-52.

[65] 姜安龙. 城市地铁盾构施工地表沉降计算方法研究[J]. 南昌航空大学学报(自然

科学版)，2014.

[66] 赖金星，邱军领，牛方园，樊浩博，汪珂. 浅埋偏压黄土隧道塌方处治及效果分析[J]. 现代隧道技术，2017, 54(02): 194-201.

[67] 李亮，魏丽敏. 基础工程[M]. 长沙：中南大学出版社，2005: 32-37.

[68] 李翔，李夕兵，周子龙. 围岩变形准则下考虑目标失稳概率的岩石隧道可靠度逆向计算[J]. 中南大学学报(自然科学版)，2018, 49(07): 1734-1741.

[69] 李晓虎，臧庆国. 高富水砂层下隧道及基坑开挖施工风险及技术研究[J]. 科学技术创新，2019(02): 108-109.

[70] 李梓源. 地铁区间隧道塌方事故处理方案标准化研究[J]. 中国标准化，2017(08): 26-27.

[71] 李永盛，黄海鹰. 盾构推进对相邻桩体力学影响的实用计算方法[J]. 同济大学学报(自然科学版)，1997(03): 274-280.

[72] 林恭新. 穿越不同建筑物的隧道工程盾构施工控制技术[J]. 中国市政工程，2013(01): 48-53+106-107.

[73] 刘波，杨伟红，张功，等. 基于隧道不均匀变形的地表沉降随机介质理论预测模型[J]. 岩石力学与工程学报，2018, 37(08): 1943-1952.

[74] 刘东成. 隧道突水诱发浅层地表岩溶塌陷模型试验及预测方法研究[D]. 北京：北京交通大学，2018.

[75] 刘国钊，乔亚飞，何满潮，樊勇. 活动性断裂带错动下隧道纵向响应的解析解[J]. 岩土力学，2020, 41(03): 923-932.

[76] 刘纪峰，刘波，陶龙光. 基于弹塑性分析的浅埋盾构隧道地表沉降控制[J]. 沈阳建筑大学学报(自然科学版)，2009, 25(1): 28-33.

[77] 刘瑞祥. 盾构施工引起地表沉降计算模型研究及其工程验证[D]. 青岛：青岛理工大学，2018.

[78] 刘智勇，尹登华，吴学智，吴叔坚. 某公路隧道塌方原因分析及处治技术[J]. 路基工程，2018(01): 235-239.

[79] 卢健，姚爱军，郑轩，张剑涛，田甜. 地铁双线隧道开挖地表沉降规律及计算方法研究[J]. 岩石力学与工程学报，2019, 38(S2): 3735-3747.

[80] 卢耀如，刘琦. 地质环境与隧道工程的安全[C]. 地下工程建设与环境和谐发展——第四届中国国际隧道工程研讨会文集. 上海：同济大学出版社，2009: 30-38.

[81] 马可栓. 盾构施工引起地基移动与近邻建筑保护研究[D]. 武汉：华中科技大学土木工程与力学学院，2008.

[82] 马险峰，王俊淞，李霄云，余龙. 盾构隧道引起地层损失和地表沉降的离心模型实

验研究[J]. 岩土工程学报, 2012, 34(5): 942-947.

[83] 蒙跃龙. 超大断面黄土隧道开挖工法优化及初支力学特性分析[D]. 北京：中国地质大学, 2019.

[84] 欧阳文彪, 丁文其, 谢东武. 考虑建筑刚度的盾构施工引致沉降计算方法[J]. 地下空间与工程学报, 2013, 9(01): 155-160.

[85] 祁生文, 伍法权. 基于模糊数学的TBM施工岩体质量分级研究[J]. 岩石力学与工程学报, 2011, 30(6): 1225-1229.

[86] 曲海锋, 刘志刚, 朱合华. 隧道信息化施工中综合超前地质预报技术[J]. 岩石力学与工程学报, 2006, 25(6): 1246-1257.

[87] 任建喜, 曹西太郎, 陈旭. 黄土地层地铁隧道CRD(交叉中隔墙)工法施工引起的围岩变形及地表沉降规律[J]. 城市轨道交通研究, 2018, 21(09): 41-44.

[88] 沈卫平, 张俊, 袁标, 施烨辉. 基于智慧互联技术的成都地铁盾构施工安全风险管理信息系统研究[J]. 岩石力学与工程学报, 2019, 38(S2): 3822-3832.

[89] 苏洁, 张顶立, 周正宇, 等. 地铁隧道穿越既有安全风险评估及控制[J]. 岩石力学与工程学报, 2015, 34(1): 3188-3195.

[90] 孙钧, 袁金荣. 盾构施工扰动与地层移动及其智能神经网络预测[J]. 岩土工程学报, 2001, 23(3): 261-267.

[91] 孙曦源, 衡朝阳, 周智, 张剑涛. 厦门地铁车站基坑施工诱发地表沉降的经验预测方法研究[J]. 土木工程学报, 2019, 52(S2): 132-138.

[92] 孙宇坤, 关富玲. 盾构隧道掘进对砌体结构建筑物沉降的影响[J]. 中国铁道科学, 2012, 33(04): 38-44.

[93] 台启民. 极不稳定隧道围岩超前破坏机制与安全性评价[D]. 北京: 北京交通大学, 2016.

[94] 唐春安, 于广明, 等. 采动岩体破裂与岩层移动数值试验[M]. 长春: 吉林大学出版社, 2002.

[95] 王翀, 秦拥军, 于广明, 高丽燕. 非均匀收敛随机介质模型对浅埋隧道施工引起地表沉降预测研究[J]. 铁道标准设计, 2018, 62(01): 104-109.

[96] 王海涛, 金慧, 涂兵雄, 张景元. 砂土地层地铁盾构隧道施工对地层沉降影响的模型试验研究[R]. 中国铁道科学, 2017, 38(6): 70-78.

[97] 王静. 地铁隧道开挖对地表及建筑物的损害研究[D]. 青岛: 青岛理工大学, 2014.

[98] 王丽, 郑刚. 地铁隧道近距离穿越对上部框架结构的影响[J]. 大连交通大学学报, 2012, 33(05): 72-77.

[99] 王良奎. 多种超前地质预报方法在隧道施工中的应用[J]. 金属矿山, 2001, (1):

45-47.

[100] 王明年, 李志业, 关宝树. 3孔小间距浅埋暗挖隧道地表沉降控制技术研究[J]. 岩土力学, 2002, 23(6): 821-824.

[101] 王齐仁. 隧道地质灾害超前探测方法研究[D]. 长沙: 中南大学, 2007.

[102] 王占生, 王梦恕. 盾构施工对周围建筑物的安全影响及处理措施[J]. 中国安全科学学报, 2002(02): 48-52+83.

[103] 魏纲, 孙樵, 洪子涵. 类矩形盾构施工对邻近建筑物影响的数值模拟[J]. 低温建筑技术, 2018, 40(12): 86-89+94.

[104] 魏纲, 叶琦, 虞兴福. 杭州地铁盾构隧道掘进对建筑物影响的实测分析[J]. 现代隧道技术, 2015, 52(03): 150-159.

[105] 吴波, 高波, 蒋正华, 等. 地铁隧道施工对地表沉降影响的优化控制分析[J]. 现代隧道技术, 2003, 40(3): 42-46 .

[106] 武松, 汤华, 罗红星, 戴永浩, 吴振君. 浅埋软岩公路隧道超前管棚支护机制与工程应用研究[J]. 岩石力学与工程学报, 2019, 38(S1): 3080-3091.

[107] 武铁路. 近距离平行盾构隧道施工引起的土体沉降位移规律研究[J]. 城市轨道交通研究, 2019, 22(01): 38-43.

[108] 夏才初, 徐晨, 刘宇鹏, 韩常领. 基于GZZ强度准则考虑应变软化特性的深埋隧道弹塑性解[J]. 岩石力学与工程学报, 2018, 37(11): 2468-2477.

[109] 夏超. 地铁隧道塌方风险评价与决策研究[D]. 南京：南京林业大学, 2016.

[110] 徐林. 盾构隧道施工对邻近建筑物的影响研究[D]. 杭州：浙江大学, 2017.

[111] 薛文, 丁智, 秦建设, 等. 软土盾构隧道掘进对邻近浅基础建筑物影响研究[J]. 现代隧道技术, 2017, 54(02): 106-113.

[112] 薛翊国, 李术才, 张庆松, 等. 隧道信息化施工地质灾害预警预报技术研究[J]. 山东大学学报(工业版), 2008, 38(5): 25-30.

[113] 阳军生, 刘宝琛. 城市隧道施工引起的地表移动及变形[M]. 北京: 中国铁道出版社, 2002.

[114] 杨培伟. 地铁盾构隧道施工对地层及邻近建筑物影响的数值模拟[D]. 武汉：武汉理工大学, 2016.

[115] 于宁, 朱合华. 盾构施工仿真及其相邻影响的数值分析[J]. 岩土力学, 2004(02): 292-296.

[116] 曾彬, 黄达, 刘杰, 等. 双圆盾构隧道施工偏转角对地表变形影响研究[J]. 岩石力学与工程学报, 2015, 34(12): 2509-2518.

[117] 张顶立. 城市地下工程建设安全风险及其控制[M]. 北京: 化学工业出版社, 2012:

366-369.

[118] 张顶立. 隧道及地下工程的基本问题及其研究进展[J]. 力学学报, 2017, 49(1): 3-21.

[119] 张俊峰,王建华, 陈锦剑,侯永茂. 跨越运营地铁隧道超大基坑开挖的土体参数反分析[J]. 上海交通大学学报, 2012, 46(1): 42-46+52.

[120] 张立群, 武志辉. 盾构隧道施工引起的地表沉降预测分析[J]. 河北建筑工程学院学报, 2017, 35(01): 23-27.

[121] 张旭, 龚娟, 李博融, 王晨仲, 刘元炜. 砂卵石地层隧道塌方机理及处治技术研究[J]. 公路, 2018, 63(05): 318-323.

[122] 张志强, 何川. 地铁盾构隧道近接桩基的施工力学行为研究[J]. 铁道学报, 2003(01): 92-95.

[123] 赵丹. 小半径、大坡度盾构隧道施工力学特性研究[D]. 长沙: 中南大学, 2007.

[124] 赵文, 陈阳, 李慎刚, 等. 砂土地区浅埋非对称近接平行隧道施工地层位移分析[J]. 水利与建筑工程学报, 2018, 16(05): 12-17.

[125] 朱合华, 黄锋, 徐前卫. 变埋深下软弱破碎隧道围岩渐进性破坏试验与数值模拟[J]. 岩石力学与工程学报, 2010, 29(6): 1113-1122.

[126] 朱忠隆, 张庆贺, 易宏传. 软土隧道纵向地表沉降的随机预测方法[J]. 岩土力学, 2001, 22(1): 56-59.

[127] 邹国锁, 邹喻, 何春伟. 地铁盾构隧道施工引起地表沉降的数值模拟[J]. 桥隧工程, 2017.

[128] A. Valizadeh Kivi, M.H. Sadaghiani, M.M. Ahmadi. Numerical modeling of ground settlement control of large span underground metro station in Tehran Metro using Central Beam Column (CBC) structure [J]. Tunnelling and Underground Space Technology, 2012, 28: 1-9.

[129] Breth H, Chambosse G. Settlement behavior of buildings above metro tunnels in Frankfurt clay[A]. Proceedings Conference on Settlement of Structures[C], London: Pentech Press, 1974: 329-336.

[130] Broere, W. Urban underground space Solving the problems of today’s cities[J]. Tunnelling and Underground Space Technology, 2016 (55): 245-248.

[131] Burland, J.B., Standing, J.R. and Jardine, F.M. Building Response to Tunnelling, Case Studies from Construction of the Jubilee Line Extension, 2001.

[132] Chungsik Yoo C S, Kim J H A. Web-Based Tunneling-induced Building/Utility Damage Assessment System: TURISK[J]. Tunneling and Underground Space Technology, 2003, 18(5): 497-511.

[133] Fei Liu, Tianhui Ma, Chun'an Tang, Xingzong Liu, Feng Chen. A case study of collapses at the Yangshan tunnel of the Coal Transportation Channel from the Western Inner Mongolia to the Central China[J]. Tunnelling and Underground Space Technology incorporating Trenchless Technology Research, 2019: 92.

[134] Frisehmann W W, Hellings J E, Gittoes G, et al. Prediction of the Mansion House against damage causing by ground movements due to the Docklands Light Railway Extension[A]. Proceedings of the Institution of Civil Engineers[C]. Geotechnical Engineering, 1994, 107(2): 65-76.

[135] Gang Wei, Xin-hai Zhang, Yin-feng Xu, Zhe Wang. Prediction of Ground Settlement Due to Excavation of a Quasi-Rectangular Shield Tunnel Based on Stochastic Medium Theory[J]. Geotechnical and Geological Engineering, 2019, 37(5), 3605-3618.

[136] Giardina G, Hendriks M A N, Rots J G. Numerical analysis of tunneling effects on masonry buildings: the influence of tunnel location on damage assessment[J]. Advanced Materials research, 2010(133): 289-294.

[137] Haize Pan, Jing Gou, Zihong Wan, Chuxuan Ren, Mengjie Chen, Tangqiao Gou, Zhenhua Luo, Stylianos Georgantzinos. Research on Coupling Degree Model of Safety Risk System for Tunnel Construction in Subway Shield Zone[J]. Mathematical Problems in Engineering, 2019.

[138] Jenck O, Dias D. 3D-finite difference analysis of the interaction between concrete building and shallow tunneling[J]. Geotechnique, 2004, 54(8): 519-528.

[139] Jinglai Sun, Baoguo Liu, Zhaofei Chu, Lei Chen, Xin Li. Tunnel collapse risk assessment based on multistate fuzzy Bayesian networks[J]. Quality and Reliability Engineering International, 2018, 34(8).

[140] Kaihang Han, Jiann-Wen Woody Ju, Heng Kong, Mengshu Wang. Functional Catastrophe Analysis of Progressive Failures for Deep Tunnel Roof Considering Variable Dilatancy Angle and Detaching Velocity[J]. Rock Mechanics and Rock Engineering, 2019, 52(10): 3987-3997.

[141] Ke Yan, Yuting Dai, Meiling Xu, Yuchang Mo. Tunnel Surface Settlement Forecasting with Ensemble Learning[J]. Sustainability, 2019, 12(1).

[142] Maoxin Su, Peng Wang, Yiguo Xue, Daohong Qiu, Zhiqiang Li, Teng Xia, Guangkun Li. Prediction of risk in submarine tunnel construction by multi-factor analysis: A collapse prediction model[J]. Marine Georesources & Geotechnology, 2019, 37(9): 1119-1129.

[143] Masayasu Hisatake, Shiro Ohno, Tatsuaki Katayama, et al. Effects of the ring-cut method as a settlement deterrent in a soft ground tunnel[J]. Tunnelling and Underground Space

Technology, 2012 (28): 90-97.

[144] Mroueh H, Shahrour I. A full 3-D finite element analysis of tunneling-adjacent structuresinteraction[J]. Computers and Geotechnics, 2003 (30): 245-253.

[145] Pin Zhang. A novel feature selection method based on global sensitivity analysis with application in machine learning-based prediction model[J]. Applied Soft Computing Journal, 2019: 85.

[146] Qianjin Zhang, Ke Wu, Shuaishuai Cui, Yalin Yu, Zheng Zhang, Jiahui Zhao. Surface Settlement Induced by Subway Tunnel Construction Based on Modified Peck Formula[J]. Geotechnical and Geological Engineering, 2019, 37(4): 2823-2835.

[147] Selvadurai A P S, 范文田, 等, 译. 土与基础相互作用的弹性分析[M]. 北京: 中国铁道出版社, 1979: 15-23.

[148] Shaoshuai Shi, Ruijie Zhao, Shucai Li, Xiaokun Xie, Liping Li, Zongqing Zhou, Hongliang Liu. Intelligent prediction of surrounding rock deformation of shallow buried highway tunneland its engineering application[J]. Tunnelling and Underground Space Technology incorporating Trenchless Technology Research, 2019 (90): 1-11.

[149] Skempton A W, MacDonald D H. The allowable settlements of buildings[J]. Proceedings of the Institution of Civil Engineers, 1956, 5(6): 727-768.

[150] Suwansawat S, Einstein H H. Describing settlement troughs over twin tunnels using a superposition technique[J]. Journal of Geotechnical and Geoenvironmental Engineering, 2007, 133(04): 445-468.

[151] Wantao Ding, Keqi Liu, Peihe Shi, Mingjiang Li, Minglei Hou. Face stability analysis of shallow circular tunnels driven by a pressurized shield in purely cohesive soils under undrained conditions[J]. Computers and Geotechnics, 2019 (107): 110-127.

[152] Xiaolin Huang, Rui Zhang. Catastrophe stability analysis for shallow tunnels considering settlement[J]. Journal of Central South University, 2018, 25(4): 949-960.

[153] Xiaolin Huang, Zhigang Zhou, X.L. Yang. Roof failure of shallow tunnel based on simplified stochastic medium theory. 2018, 14(6): 571-580.

[154] X.L. Yang, H.Y. Wang. Catastrophe analysis of active-passive mechanisms for shallow tunnels with settlement. 2018, 15(1): 621-630.

[155] Xueliang Zhang, Meixia Wang, Binghua Zhou, et al. Influence of factors on collapse risk of loess tunnel: a multi-index assessment model. 2018, 16(5): 734-749.

[156] Yaqiong Wang, Hongtao Chang, Jianyu Wang, Xiaoli Shi, Junling Qiu. Countermeasures to treat collapse during the construction of road tunnel in fault zone: a case

study from the Yezhuping Tunnel in south Qinling, China[J]. Environmental Earth Sciences, 2019, 78(15): 1-16.

[157] Yiguo Xue, Zhiqiang Li, Daohong Qiu, Lewen Zhang, Ying Zhao, Xueliang Zhang, Binghua Zhou. Classification model for surrounding rock based on the PCA-ideal point method: an engineering application[J]. Bulletin of Engineering Geology and the Environment, 2019, 78(5): 3627-3635.

[158] Yiguo Xue,Zhiqiang Li, Daohong Qiu, Weimin Yang, Lewen Zhang, Yufan Tao, Kai Zhang. Prediction Model for Subway Tunnel Collapse Risk Based on Delphi-Ideal Point Method and Geological Forecast[J]. Soil Mechanics and Foundation Engineering, 2019, 56(3): 191-199.

[159] А.Г.Протосеня,М.А.Карасев.Развитие Методов Прогноза Оседания Земной Поверхности При Строительстве Подземных Сооружений В Условиях Плотной Городской Застройки. Метро и Тоннели, 2016(6): 87-92.

[160] 建筑地基基础设计规范GB50007-2011[S]. 北京：中国建筑工业出版社，2011.

[161] 住房城乡建设部. 大型工程技术风险控制要点[R]. 2018 (2):17-34&54-63.

致 谢

李 冉

二〇二一年三月于青岛